INVENTAIRE
F. 32.972

pour le Doctorat,

par

Créquy (P.I.)

Versailles. 1856.

A MON PÈRE, A MA MÈRE,

A MA SŒUR.

32972

FACULTÉ DE DROIT DE PARIS.

DE LA SOLIDARITÉ

EN DROIT ROMAIN

ET

EN DROIT CIVIL FRANÇAIS.

THÈSE POUR LE DOCTORAT,

PAR

P.-E. CREQUY,

Né à Château-Porcien (Ardennes),

AVOCAT A LA COUR IMPÉRIALE DE PARIS.

L'acte public sur les matières ci-après sera soutenu le mercredi 27 août 1856, à 1 heure.

PRÉSIDENT : M. BUGNET, professeur.

SUFFRAGANTS : MM. PELLAT, DUVERGER, *professeurs.*
FERRY, COLMET DE SANTERRE, *suppléants.*

VERSAILLES,

DE L'IMPRIMERIE DE BEAU Jne,

Rue de l'Orangerie, 36.

1856

[illegible]

[illegible]

[illegible]

[illegible]

[illegible]

[illegible]

[illegible]

NOTIONS PRÉLIMINAIRES.

Idée générale de l'obligation.

Lorsqu'une personne promet à une autre de lui donner, de faire, ou de ne pas faire quelque chose, il y a, relativement à la chose, au fait ou à l'abstention, objets de cette promesse, accord de deux volontés : volonté de donner, de faire ou de s'abstenir de la part du promettant; volonté de recevoir la chose ou de profiter de l'abstention de la part du stipulant. En un mot, il y a ce qu'on appelle une convention : « *Nam sicuti con-* » *venire dicuntur, qui ex diversis locis in unum locum* » *colliguntur, et veniunt, ita et qui ex diversis animi* » *motibus in unum consentiunt, id est in unam senten-* » *tiam decurrunt.* » (Ulp. L. 1, § 3, D. *de Pactis.*)

Par suite de cette convention, le promettant a perdu une partie de son libre arbitre relativement à la chose, à l'abstention, ou au fait qu'il a promis. La justice et l'équité, qui veulent que la foi jurée ne soit pas vaine, lui font un devoir d'exécuter sa promesse, et il se trouve pour ainsi dire enlacé dans les liens d'une chaîne morale, il est lié par sa promesse (*ob-ligatus*), il est obligé. De là le nom d'obligation donné au lien moral que cette convention a produit. Ainsi l'obligation, envisagée au point de vue purement métaphysique, est un lien moral résultant d'une convention.

Mais si ce lien était resté sans autre sanction que la conscience humaine, il eût été bien souvent illusoire ; aussi les législateurs pour le fortifier lui ont donné une sanction légale ; c'est-à-dire qu'ils en ont assuré le maintien par des dispositions coërcitives. Dès lors l'obligation a pris un caractère nouveau, un caractère légal dans lequel elle n'a pas tardé à s'absorber complétement ; le lien moral a disparu (1) ; il s'est transformé en un lien de droit. Aussi le jurisconsulte Paul, et avec lui les Instïtutes de Justinien, définissent-ils l'obligation : « un lien de droit qui nous astreint, suivant » les règles de notre droit civil, à la nécessité de nous ac- » quitter de quelque chose. *Obligatio est juris vinculum,* » *quo necessitate astringimur alicujus solvendæ rei* » *secundum nostræ civitatis jura.* » (L. 3, D. *de Oblig. et Act. — Inst.* L. 3, t. XIII, pr.)

Ainsi l'obligation, pour les jurisconsultes romains, ce n'est plus (du moins en général) le lien moral relevant uniquement de la bonne foi et de l'équité, c'est une chaîne juridique, une nécessité imposée par la loi, et il ne faut pas s'étonner de les voir quelquefois fouler aux pieds l'équité pour maintenir dans toute son intégrité, et dans toute la rigueur de ses déductions logiques, cette *nécessité légale.* Ici la législation est tout : la validité du contrat et l'étendue de l'obligation se rè-

---

(1) Au point de vue de la loi romaine s'entend, car en réalité le lien moral subsiste toujours ; la morale et l'équité sont antérieures à toutes les législations qui n'en sont que des applications plus ou moins heureuses.

glent, non d'après l'équité mais d'après la loi, *secundum civitatis jura*. Le consentement réciproque, la convention, ne suffit plus, dans la rigueur primitive du droit, pour donner naissance à l'obligation ; il faut un fait accessoire, soit les formes symboliques de l'airain et de la balance, comme dans le *nexum* de la loi des Douze Tables, soit des paroles solennelles comme dans la stipulation, soit l'écriture comme dans l'expensilation, soit enfin la remise d'une chose que l'une des parties est tenue de rendre. Lorsque l'un de ces faits accompagne la convention, celle-ci produit une obligation et prend le nom de contrat. « *Quæ (conventiones) pariunt actiones, in suo nomine non stant; sed transeunt in proprium nomen contractus.* » (Ulp. L. 7, § 1, D. *de Pactis*.) « *Adeo conventionis nomen generale est, ut eleganter dicat Pedius, nullum esse contractum, nullam esse obligationem, quæ non habeat in se conventionem : sive re, sive verbis fiat.* » (Ulp. L. 1, § 3, D. *de Pactis*.)

En dehors de ces faits, nul lien juridique, nulle obligation. Toutefois le droit civil a, par exception, admis et muni d'action quatre contrats du droit des gens, la vente, le louage, la société et le mandat qui se forment par le seul consentement des parties, et dont les effets se règlent d'après l'équité, *ex bono et æquo*.

De plus le droit prétorien a reconnu et sanctionné des obligations en dehors du pur droit civil.

Il ne faut pas conclure de ce qui précède que toutes les obligations naissent nécessairement d'un contrat, elles peuvent naître encore des délits qui sont des faits nuisibles et illicites, qualifiés tels (*délits*) par l'ancien droit civil : «*Ex maleficio nascuntur obliga-* » *tiones : veluti ex furto, ex damno, ex rapina, ex in-* » *juria.* » (Gaï. L. 4, D. *de Oblig. et Act.*)

En outre, à côté des contrats et des délits se placent, comme générateurs d'obligations, certains faits que la loi assimile à des contrats ou à des délits. Parmi les premiers qui sont des faits licites, se placent la tutelle et la curatelle, la gestion d'affaires, la communauté sans convention de société, l'acceptation d'une hérédité, et le paiement de l'indu. Parmi les seconds, qui sont illicites, se place le fait du juge qui a fait un procès sien, c'est-à-dire qui a rendu à dessein une sentence inique; et le fait de celui qui a jeté ou laissé jeter par la fenêtre de sa maison des choses dont la chute a porté préjudice à quelqu'un, ou qui a suspendu au-dessus de la voie publique des objets qui en tombant pourraient blesser les passants. (*Inst.* L. 4, t. V, § 1, et Ulp. L. 1 pr. D. *de his qui effuder.*) D'où il suit qu'on peut définir l'obligation : un lien de droit résultant soit d'un contrat ou comme d'un contrat (*quasi ex contractu*), soit d'un délit ou comme d'un délit (*quasi ex delicto.*)

Toute convention emporte, de la part du stipulant, croyance en la bonne foi et la solvabilité du promettant, et, de la part de celui-ci, une idée de devoir envers l'autre. De là vient qu'on a donné au premier le nom de *creditor* (*qui croit*), créancier, et au second le nom de *debitor* (*qui doit*), débiteur. Ces noms, qui dans l'origine ont dû être appliqués uniquement à ceux qui avaient été partie dans un contrat, ont été bientôt étendus à tous ceux qui, par suite d'un fait quelconque, se trouvaient jouer respectivement les rôles de stipulant et de promettant

Dans toute obligation on trouve nécessairement un objet qui est la prestation à fournir, un sujet actif qui est le créancier, un sujet passif qui est le débiteur.

Envisagées soit dans leur ensemble, soit dans chacune de leurs parties, les obligations sont susceptibles de diverses modalités : ainsi, considérée par rapport soit à son sujet actif, soit à son sujet passif, soit à tous les deux, une obligation peut être simple ou multiple : simple, quand elle est imposée à un seul débiteur en faveur d'un seul créancier ; multiple, lorsqu'elle est établie au profit de plusieurs créanciers, ou imposée à plusieurs débiteurs. Le plus souvent les personnes qui sont le sujet actif ou passif de l'obligation multiple quant à son sujet, ne peuvent exiger le paiement, ni en être tenues que pour leur part virile ; dans ce cas l'obligation est dite divisible, parce qu'elle se divise de plein droit entre les personnes qui en sont le sujet.

Mais il peut arriver aussi que les personnes, sujet actif ou passif d'une obligation, puissent exiger le paiement, ou en soient tenues, chacune pour le tout; c'est ce qui a lieu quand l'obligation est *indivisible* ou *solidaire.*

L'obligation est indivisible quand elle a pour objet une chose qui n'est pas susceptible de division soit matérielle, soit même intellectuelle, par exemple, une servitude de passage. « *Omnium stipulationum*

» *quœdam in dando, quœdam in faciendo consistunt.*
» *Et harum omnium quœdam* (*partium prœstationem*)
» *non recipiunt, ut in his quœ natura divisionem non*
» *admittunt ; veluti cum viam, iter, actum stipulamur.*»
(U. L. 2, pr. et § 1, D. *de verb. Oblig.*)

L'obligation est solidaire lorsque, d'après le consentement exprès ou tacite des parties, la chose qui en fait l'objet, quoique divisible de sa nature, est due en totalité à chacun des créanciers ou par chacun des débiteurs. De telle sorte que l'un des créanciers en recevant cette chose, ou l'un des débiteurs en la payant, éteint la créance ou la dette à l'égard de tous les autres. Ainsi, que l'obligation soit divisible, ou qu'elle soit solidaire, la chose qui en est l'objet n'est due qu'une fois, et dès qu'elle a été payée, la dette ou la créance est complétement éteinte ; et, ce qui distingue surtout l'indivisibilité de la solidarité, c'est que l'indivisibilité tient à la nature de l'objet de l'obligation, tandis que la solidarité tient à l'intention des parties, à la nature de la convention et à la forme qu'elle a revêtue.

C'est à l'exposé des principes de la solidarité que nous allons consacrer cette dissertation.

PREMIÈRE PARTIE.

DROIT ROMAIN.

CHAPITRE PREMIER.

De la solidarité en général.

On peut définir la solidarité : une modalité des obligations multiples quant à leur sujet, d'où résulte pour chacun des créanciers le droit d'exiger le paiement intégral de la créance commune à l'exclusion de ses cocréanciers; et pour chacun des débiteurs la nécessité de payer la totalité de la dette commune à l'exclusion de ses codébiteurs.

Nous avons déjà signalé la différence principale qui existe entre la solidarité et l'indivisibilité; il en est encore plusieurs autres, qui ne sont il est vrai que des conséquences de la première, mais que nous devons cependant exposer, afin de faire mieux connaître la nature et les caractères propres de la solidarité. Ainsi de ce que l'indivisibilité tient à la nature de l'objet de l'obligation tandisque la solidarité résulte de la volonté des contractants, il suit : 1° Que l'obligation indivisible ne se divise pas entre les héritiers soit du créancier soit du débiteur, tandis que la créance ou la dette solidaire se divise de plein droit entre les héritiers des créanciers ou des débiteurs, ou de l'un deux; 2° que la solidarité ne peut exister sans qu'il y ait pluralité de créanciers ou de débiteurs, tandis qu'une obligation peut être indivisible lors même qu'il n'y a qu'un seul créancier et un seul débiteur; enfin que celui des débiteurs qui paie la dette indivisible, ou celui des créanciers qui en reçoit le paiement, est censé avoir géré l'affaire des autres à qui il doit demander ou payer une indemnité. (L. 2, § 2. D. *de verb. Obl.*); tandis que celui des débiteurs qui paie la dette solidaire, ou celui des créanciers qui en reçoit le paiement, n'a, en général, rien à demander ni à restituer aux autres.

L'expression de *solidarité* est toute moderne, il en est de même de celles de *corréalité, obligation corréale, obligatio correorum;* aucune de ces expressions ne se trouve dans les écrits des jurisconsultes romains.

Les cocréanciers solidaires sont appelés par les textes *duo rei stipulandi, plures rei stipulandi*; et les codébiteurs solidaires *duo rei promittendi, plures rei promittendi;* ou, plus simplement encore, suivant l'expression d'Ulpien, *conrei* ou *correi.* (L. 3, § 3, D. *de Liberat. leg.*) On trouve encore au Digeste (L. 34 *de Receptis*) les expressions *duo rei credendi,* pour désigner les cocréanciers solidaires, et *duo rei debendi* pour désigner les codébiteurs solidaires. Mais que signifient toutes ces expressions? En général, quiconque s'oblige est *reus promittendi,* et quiconque stipule, *reus stipulandi.* « *Qui stipulatur reus stipulandi dicitur, et qui* » *promittit reus promittendi dicitur.* » (L. 1. D. *de duob. Reis.*) Le mot *reus* vient de *res,* il sert à désigner quiconque figure dans un procès soit comme demandeur, soit comme défendeur. « *Reus dictus est a re quam promisit ac debet.* » (Abrégé de *Festus*). « *Reus est* » *qui cum altero litem contestatam habet, sive is egit,* » *sive cum eo actum est.* » (Fest. au mot *reus.*) « *Reos* » *appello quorum res est.* (Cicéron, *de Orat.*, liv. 2, § 49.) On voit que les expressions par lesquelles les Romains désignaient les cocréanciers et les codébiteurs solidaires sont très-vagues et ne présentent aucune idée particulière à l'esprit. Traduites littéralement dans notre langue, elles seraient d'une insignifiance absolue, et c'est avec raison qu'on leur a substitué des expressions qui ont au moins le mérite de donner une idée de la chose qu'elles désignent. Nos expressions de *solidarité*, créanciers, débiteurs *solidaires*, viennent des mots *in solidum* par lesquels les Romains désignaient l'étendue et la nature de la créance ou de la dette des costipulants ou copromettants.

La solidarité peut être envisagée sous deux points de vue : à l'égard des créanciers et à l'égard des débiteurs. De là deux sortes de solidarité : solidarité entre créanciers ou *solidarité active*, solidarité entre débiteurs ou *solidarité passive*. Nous allons examiner successivement les règles de l'une et de l'autre. Nous nous occuperons d'abord de la solidarité active.

CHAPITRE II.

De la solidarité active et de ses effets.

SECTION Ire.

Principes généraux.

Il y avait, à Rome, coréalité entre créanciers lorsque l'obligation avait été contractée de telle sorte que la même chose fût due en totalité à plusieurs créanciers par le même débiteur, en sorte que l'un des créanciers eût le droit de demander toute la dette au débiteur, et que celui-ci, par le paiement qu'il lui avait fait, fût libéré à l'égard des autres. « *Cum duo eandem pecu-* » *niam stipulati sunt : ipso jure singulis in solidum de-*

» *betur, ideoque petitione* (1), *acceptilatione unius, tota*
» *solvitur obligatio.*» (Jav., L. 2, D. *de duob. Reis.*) Aussi
ce qui était payé à l'un était censé payé à l'autre, et
ce qui était payé divisément à l'un et à l'autre était
censé payé en totalité à un seul. Voilà pourquoi le débiteur d'un corps certain était libéré lorsqu'il avait
livré, à chacun des costipulants, des parties indivises
d'un même objet (Jul., L. 34, § 1, D. *de Solution.*)
Par conséquent, dans le contrat corréal actif il n'y a
qu'une obligation, si nous le considérons au point de
vue de l'objet de la créance qu'il produit. « *Una res*
» *vertitur,* » nous disent les Institutes. « *Utique enim*
» *cum una sit obligatio, una et summa est,* » dit encore
Ulpien (L. 3, D. *de duob. Reis*). Mais si nous le considérons au point de vue des personnes qui sont le sujet
actif des droits qu'il produit, il y a autant de créanciers
et par suite autant d'obligations que de *correi stipu-*
landi, car il y a un lien particulier entre chacun des
créanciers et le débiteur. Le contrat qui le lie envers l'un
n'est pas celui qui le lie envers l'autre. Cela est si vrai
que la créance de l'un des *correi stipulandi* peut être
à terme ou conditionnelle, tandis que celles des autres
sont pures et simples, et que la créance de l'un peut
être nulle et celles des autres valables (L. 6, § 2, D. *de*
duob. Reis).

Ces différents liens, ces différentes créances sont,
il est vrai, connexes et pour ainsi dire réunis en fais-
ceau quant à leur objet, mais néanmoins ils sont multiples et distincts quant aux personnes ; d'où les conséquences suivantes :

1° Toute cause de dissolution ou de nullité portant
sur l'objet de la dette (*in rem*) devait nécessairement

____

(1) Sous Justinien il n'en était plus ainsi, paraît-il, en ce qui
touche la c mande en justice. (L. 8, C. *de duob. Reis.*)

frapper sur toutes les créances, tandis que celles qui auraient été personnelles à l'un des créanciers ne pouvaient affecter que sa créance.

2° Chaque créancier était regardé, vis-à-vis du débiteur et des tiers, comme le maître exclusif de la créance et pouvait en disposer à son gré comme s'il eût été seul; bien qu'il pût en perdre le bénéfice par le fait de son créancier. « *Ex quibus colligitur unum-* » *quemque perinde sibi acquisisse ac si solus stipulatus* » *esset; excepto eo, quod etiam facto ejus, cum quo* » *commune jus stipulantis est, amittere debitorem po-* » *test.* » (Venul., L. 31, § 1, D. *de Novat.*) De son côté, le débiteur pouvait payer à celui des créanciers qu'il voulait, pourvu que les choses fussent entières, c'est-à-dire qu'il n'y eût pas eu de poursuites de la part d'un des créanciers; car, dans le cas contraire, le débiteur était tenu de payer à celui qui l'avait actionné. « *Ex* » *duobus reis stipulandi si semel unus egerit, alteri* » *promissor offerendo pecuniam nihil agit.* » (Gai., L. 16, D. *de duob. Reis.*)

3° Celui des cocréanciers solidaires qui avait reçu la dette n'était pas tenu de partager ce qu'il avait reçu avec ses cocréanciers, à moins qu'ils ne fussent associés. C'est ce qui résulte de la loi 62 pr. D. *ad legem Falcidiam.*

Pour bien comprendre cette loi, il faut se rappeler que pour le calcul de la falcidie on faisait la somme des biens. Le texte nous dit que la créance solidaire comptera pour le tout ou pour rien dans le patrimoine du défunt selon l'événement, c'est-à-dire selon que le défunt, ou ses héritiers en son nom, auront ou non intenté l'action. A moins, ajoute Ulpien, que les cocréanciers solidaires ne fussent associés, car, dans ce cas, la créance se divise entre eux comme si chacun n'en avait stipulé qu'une partie. « *In ea re dividi in-*

» *ter eos debere obligationem atque si singuli partem* » *pecuniæ stipulati essent.* » Par conséquent, dans ce cas, la créance solidaire entrait dans le patrimoine du défunt pour la part qui devait revenir à celui-ci.

Toutefois, il ne faut pas conclure de ce que nous venons de dire que la société ou la communauté (1) qui aurait pu exister entre les cocréanciers solidaires, modifiât en rien les effets immédiats de la solidarité, ou pût influer soit sur la nature de la créance ou de la dette, soit sur les modes d'extinction de l'une et de l'autre. Elle obligeait seulement les cocréanciers à se tenir compte du bénéfice qu'ils avaient retiré de la créance, et si l'un d'eux avait reçu le paiement, ou était censé l'avoir reçu, parce qu'il avait libéré le débiteur, ses cocréanciers pouvaient répéter contre lui la part qu'ils devaient avoir dans le bénéfice de la créance. Ils avaient pour cela soit l'action *pro socio*, soit l'action de mandat, soit toute autre action résultant du lien qui les unissait.

Ces principes généraux posés, il nous reste à en voir l'application et les effets en ce qui touche l'acceptilation, la novation, le pacte de remise, la compensation, la confusion, la demande en justice et la chose jugée, le serment, le compromis, la transaction, la perte de la chose et la demeure, et la prescription. C'est ce qui va faire l'objet des onze sections suivantes.

(1) Nous disons : « ou la communauté; » car la communauté qui existait entre deux personnes les obligeait à des comptes réciproques, et si la créance solidaire avait été acquise à l'occasion d'une chose commune, nul doute que celui des créanciers qui l'avait touchée ne dût en tenir compte aux autres. (L. 6, § 2, D. *De commun. divid.*)

SECTION II.

De l'Acceptilation.

L'acceptilation était un paiement fictif (*imaginaria solutio*) qui avait lieu au moyen d'une stipulation dans laquelle le créancier, sur l'interrogation du débiteur, déclarait tenir son paiement pour reçu. C'était, au dire de Pomponius, un mode civil d'extinction des obligations, (L. 107, D. *de Solution.*); par conséquent elle devait avoir les effets d'un véritable paiement, et il s'ensuit que celle qui était faite par l'un des créanciers au profit du débiteur, libérait celui-ci même à l'égard des autres créanciers. « *Acceptilatione unius tota solvitur obligatio.* » (Javol. L. 2. D. *de duob. Reis.*) « *Item unius acceptilatione perimi utriusque obligationem.* » (Venul. L. 31, § 1, D. *de Novat.*)

Il en devait être ainsi, même lorsque les cocréanciers étaient associés, car la société qui existait entre eux était, à l'égard du débiteur, *res inter alios acta*, et elle ne pouvait diminuer à son égard le pouvoir que chacun des créanciers tenait du contrat ; son seul effet, dans ce cas, était d'obliger celui des créanciers qui avait libéré le débiteur par acceptilation, à tenir compte aux autres du paiement qu'il était censé avoir reçu.

Vainement argumenterait-on contre nous du *principium* de la loi 68, D. *Pro socio*, pour soutenir que le créancier ne pouvait libérer le débiteur que pour la part qui devait lui revenir dans la créance, car la solidarité avait précisément pour but de donner à chacun des créanciers tous les droits résultant du contrat qui l'avait produite, et par conséquent le créancier qui avait libéré le débiteur n'avait fait qu'user de son droit. Peut être nous objectera-t-on que si, malgré la société qui existait entre eux, chacun des créanciers conservait le droit d'exiger la totalité du paiement, il ne pouvait le faire que comme mandataire des autres, en ce qui touche la part qui devait revenir à ceux-ci. Mais en admettant, ce qui est très-contestable, qu'il en fût ainsi, chacun des créanciers devait être, vis-à-vis des autres, au moins dans la position d'un adstipulateur ; or l'adstipulateur ayant le droit d'éteindre par acceptation la créance du stipulant (Gaï. *Com.* III, § 215), nul doute que chacun des cocréanciers solidaires n'eût le même droit quant à la part de créance afférente à ses coassociés.

Toutefois l'acceptilation, contrat *verbis*, ne pouvait éteindre qu'une obligation verbale (Gaï. *Com.* III, § 170), à l'égard de tout autre elle ne pouvait, selon le droit civil, avoir que les effets d'un pacte de remise de dette et produire simplement une exception. « *Si acceptilatio inutilis fuit, tacita pactione id actum videtur, ne peteretur.* » (Pl. L. 27, § 9, D. *de Pactis*). Aussi pour pouvoir éteindre par acceptilation toute autre obligation que celles provenant d'un contrat verbal, il fallait auparavant la transformer en obligation *verbis*, au moyen de la stipulation Aquilienne dont les Institutes et le Digeste nous donnent la formule (*V. Inst.* L. 3, t. 29, § 2, et *Dig.* L. 78, § 1, *de Acceptil.*).

Mais ce droit appartenait-il à chacun des cocréanciers solidaires? La raison de douter c'est que la stipulation Aquilienne renferme une novation ; la question revient donc à celle-ci : Un des créanciers solidaires peut-il faire une novation qui soit opposable à ses cocréanciers? C'est ce que nous allons examiner dans la section suivante.

SECTION III.

De la Novation.

La novation était le changement (*transfusio atque translatio*) d'une première obligation soit civile, soit prétorienne, soit naturelle, en une nouvelle obligation soit civile, soit prétorienne, soit naturelle, qui lui était substituée et en opérait l'extinction avec tous ses accessoires, tels que gages, hypothèques, intérêts (Pl. L. 18, D. *de Novat.*). Et peu importait que la première obligation eût été contractée *re, verbis, consensu,* ou *litteris,* qu'elle provînt d'un contrat ou comme d'un contrat (*ex contractu* ou *quasi ex contractu*), d'un délit ou comme d'un délit (*ex delicto* ou *quasi ex delicto*), pourvu que la seconde eût été contractée *verbis* (1) et avec intention de nover la première (Ulp. L. 1 et 2, D. *de Novat.*). Cette intention, sous Justinien, devait être formellement exprimée (*Inst.* L. 3, t. XXIX, § 3).

La novation pouvait avoir lieu de plusieurs manières : 1° par le changement de débiteur, lorsque le créancier stipulait ce que le débiteur lui devait d'un tiers qui lui était délégué par celui-ci (Ulp. L. 11 et 17, D. *de Novat.*) ou qui s'obligeait à son insu ; 2° par le changement de créancier lorsque le débiteur, sur l'ordre du créancier, promettait à un autre ce qu'il devait au premier (Gaï. *Com.* II, § 38) ; 3° par le changement de débiteur et de créancier, lorsque l'ancien débiteur déléguait un nouveau débiteur à un tiers que lui désignait le créancier primitif (L. 11 pr. D. *de Novat.*) ; 4° sans changement de créancier ni de débiteur, au

(1) Du moins en général, car la novation pourrait encore résulter d'un contrat *litteris.* La *litis contestatio* opérait aussi une novation dans les actions légitimes conçues *in jus.*

moyen d'une nouvelle stipulation entre les mêmes personnes, pourvu qu'il y eût quelque chose de nouveau dans la seconde stipulation, soit l'adjection, soit la suppression d'un *sponsor* (Gaï. *Com.* III, §§ 177 et 178), d'un *fidejussor*, d'un terme, ou d'une condition (1) (*Inst.* L. 3, t. XXIX, § 3) ; 5° par la substitution d'un contrat à un autre ou, pour parler plus généralement, par la substitution d'une cause nouvelle à la cause primitive d'obligation, sans aucun changement soit dans l'objet de la dette, soit dans la personne du créancier ou du débiteur ; c'est ce qui avait lieu lorsque le créancier stipulait du débiteur ce que celui-ci lui devait par suite de toute autre cause qu'une stipulation, par exemple, en vertu d'un *mutuum*, d'un dépôt, d'un mandat, d'un quasi-contrat, d'un délit ou d'un quasi-délit. C'est dans ce dernier cas que rentrait la novation résultant de la stipulation Aquilienne.

Maintenant nous avons à examiner si la novation faite par l'un des *correi stipulandi* était valable et pouvait être opposée à ses cocréanciers. Cette question nous paraît devoir être résolue affirmativement. En effet, en règle générale celui qui pouvait recevoir le paiement pouvait aussi nover. « *Cui recte solvitur, is etiam novare potest.* » (Pl. L. 10, D. *de Novat.*) Or chacun des cocréanciers solidaires ayant acquis la créance comme s'il eût été seul, avait le droit d'en recevoir le paiement et pouvait dans une seule et même instance déduire toute l'affaire en justice, « par conséquent, » nous dit Venuleius (L. 31, § I, D. *de Novat.*) (2), si

____

(1) Gaïus exigeait pour cela que la condition se fût réalisée, et Justinien a sanctionné son opinion ; mais Servius Sulpicius admettait la novation dans tous les cas (Gaï. *Com.* III, § 179).

(2) Les mots, *cum id specialiter agit*, qui se trouvent à la fin du § 1er de cette loi, ont été intercalés par Tribonnien, pour la faire concorder avec la Const. 8 *Cod. de Novationb.*, dans la-

» l'un des créanciers a fait novation, il a libéré le débi-
» teur à l'égard des autres, car la novation est une
» sorte de paiement. *Eo magis cum eam stipulatio-*
» *nem similem esse solutioni existimemus.* » « Si l'un
» des créanciers, ajoute Venuleius, avait délégué le
» débiteur commun à son créancier particulier qui a
» stipulé de celui-ci l'objet de sa dette, peut-on dire que
» le débiteur n'est pas libéré? Évidemment non. Si l'un
» des créanciers, dit-il encore, est une femme qui a
» ordonné au débiteur commun de promettre ce qu'il
» lui doit, à titre de dot, à l'homme qu'elle doit épou-
» ser, ou bien si cette femme, devant épouser le débi-
» teur commun, lui promet l'objet de la créance soli-
» daire à titre de dot, peut-on dire que le débiteur qui
» a promis au futur mari de sa créancière ce qu'il de-
» vait à celle-ci, ou à qui sa créancière a dit de con-
» server à titre de dot ce qu'il lui devait, peut-on dire
» que ce débiteur n'est pas libéré? Pas davantage. »
Il faut en conclure, selon Venuleius, que chacun des
cocréanciers solidaires avait le droit d'éteindre la
créance solidaire par novation.

Il devait en être ainsi lors même que les cocréanciers
étaient associés; seulement, dans ce cas, le créancier qui
avait fait novation, devait tenir compte à ses cocréanciers de leur part dans la valeur de la créance.

Malgré les textes si précis que nous venons de citer, la question est controversée; on oppose dans l'opinion contraire la loi **21 D.** *de Pactis.* Dans cette loi,
Paul se demande si, dans le cas où l'un de deux banquiers associés pour le commerce, aurait fait un pacte
avec le débiteur commun, celui-ci pourrait opposer à

quelle Justinien exige que les parties mentionnent expressément
l'intention de nover.

C. 2

l'autre l'exception résultant de ce pacte ; et il décide la négative conformément à l'opinion de Nératius, Atilicinus et Proculus. « Car, dit-il, l'association ne donne » à chacun des banquiers que le droit de demander » toute la dette, et, suivant l'avis de Labéon, le pouvoir » de recevoir le paiement n'emporte pas celui de no- » ver. C'est ainsi que ceux qui sont en notre puissance » peuvent recevoir le remboursement de ce qu'ils ont » prêté, bien qu'ils ne puissent faire novation. » Puis il ajoute : « Il en est de même à l'égard de deux costipu- » lants. » Il est bien vrai que le pouvoir de recevoir le paiement n'emporte pas toujours celui de nover, mais c'est seulement à l'égard de ceux qui, tels que l'*adjectus solutionis gratia*, ne sont pas maîtres de la créance ; *in cujus persona non consistit obligatio*, comme dit Cujas. C'est ce que prouvent très-clairement trois textes de Gaïus, les lois 20 et 21 D. *de Jurejurando* et 34 *pr.* D. *de Novationibus*, dans lesquelles ce jurisconsulte dit que l'esclave ou le fils de famille qui a l'administration de son pécule, a le droit de faire novation, et il présente cette question comme ne pouvant faire l'objet d'un doute : « *Dubitari non debet quin filius, servusve, cui* » *administratio peculii permissa est, novandi quoque* » *peculiaria debita jus habeat.* » (L. 34 D. *de Novat.*). Or si l'esclave et le fils de famille avaient dans ce cas le droit de nover, c'est parce que la permission d'administrer le pécule emportait celle d'aliéner les biens dont il se composait (Conf. L. 48, § 1 D. *de Pecul. et* 15 D. *de Solutionib. ff. Paul.*).

La décision de Paul dans la loi 27 D. *de Pactis*, se comprend très-bien à l'égard des banquiers, mais il n'en est pas de même à l'égard des costipulants. Faut-il en conclure qu'il y avait divergence d'opinions entre les jurisconsultes romains ? Nous ne le pensons pas, ca alors il faudrait dire non-seulement que les jurisconsultes n'étaient pas d'accord entre eux, mais encore que Paul n'était pas d'accord avec lui-même ; car dans un autre texte (L. 10 D. *de Novation.*), il pose en principe, que celui à qui l'on peut payer peut nover, et il n'en excepte que l'*adjectus solutionis gratia*. Or, s'il est vrai que les rédacteurs du Digeste y aient laissé subsister quelques contradictions entre les différents auteurs, il n'est guère probable qu'ils y aient inséré des opinions contraires d'un même jurisconsulte. Il faut donc penser que la contradiction entre ces lois n'est qu'apparente, et, en effet, il n'est pas impossible de concilier le *Principium* de la loi 27 D. *de Pactis*, avec les lois 10 et 31 D. *de Novationibus*. Ainsi il y a lieu de croire que les derniers mots de la loi 27 D. *de Pactis*, se rapportent uniquement à la première phrase, où Paul décide que l'un des banquiers associés ne peut faire avec le débiteur commun de pacte qui nuise à son cocréancier. Le reste du paragraphe étant la reproduction et le développement d'une opinion de Labéon, il est vraisemblable que les mots : « *Idemque in duobus reis stipulandi dicendum » est,* » ne s'y rapportent pas, mais qu'ils se réfèrent à la première phrase.

Toutefois on peut encore donner d'autres explications de ce texte, et le concilier, sans le scinder, avec la loi 31, § 1, D. *de Novationibus*. Ainsi l'on peut supposer qu'il ne s'agit dans le *principium* de la loi 27 D. *de Pactis*, que d'une novation par simple pacte; et que les banquiers sont non-seulement associés pour le commerce, mais encore *correi stipulandi* par suite d'une *obligatio litterarum*. Ainsi entendu, ce texte n'est plus en opposition avec le § 1 de la loi 31 D. *de Novation.*, puisque, le pacte fait par l'un des costipulants ne pouvant nuire à l'autre, il est bien évident que, dans ce cas, la novation ne pouvait lui être opposée.

On peut encore supposer que les deux stipulants,

dont il est question à la fin du *principium* de la loi 27 *de Pactis*, ne sont pas des cocréanciers solidaires, mais un stipulant et un adstipulateur, auquel cas la décision de ce § n'aurait rien de contraire à celle de la loi 31 D. *de Novationibus*. Cette interprétation est basée sur la généralité des termes de la loi 1, D. *de duobus Reis* et le sens vaste du mot *reus*.

SECTION IV.

Des pactes en général, et particulièrement des pactes de remise.

Les Romains, comme nous l'avons vu ci-dessus, donnaient le nom de *pacte* aux conventions qui ne produisaient pas d'action selon le droit civil (*Ulp.* L. 1, § 1, L. 2, L. 7, pr. et § 1 D. *de Pactis*). Nous disons *selon le droit civil*, car certains pactes avaient été munis d'action par le droit prétorien ou les Constitutions impériales. Mais nous n'avons pas à nous occuper de ces derniers, car à l'exception du compromis dont nous parlerons plus loin, ils n'ont pas trait au sujet qui nous occupe.

En règle générale, les pactes ne produisaient pas d'action : « *Igitur nuda pactio obligationem non parit* (L. 7, » § 4, D. *de Pactis*), à moins qu'ils n'eussent été exécutés par une des parties, auquel cas la convention se trouvait munie d'une cause d'obligation (*subest causa*) et devenait un contrat formé *re* (*Ulp.* L. 7, § 5, D. *de Pactis*), ou qu'ils n'eussent été joints immédiatement *ex continenti*) à un contrat de bonne foi. « *Solemus* » *enim dicere pacta conventa inesse bonæ fidei judiciis.* » *Sed hoc sic accipiendum est : ut siquidem ex continenti* » *pacta subsecuta sunt.* » (L. 7, § 5, D. *de Pactis*.) Il en était de même, si nous en croyons le jurisconsulte Paul, des pactes joints immédiatement à une stipula-

tion : « *Dicebam quia pacta in continenti facta stipula-*
» *tioni inesse creduntur.* » (Pl. L. 40, D. *de Reb. cred.*)
Ulpien paraît partager la même opinion, dans les §§ 1
et 3 de la loi 1, D. *de verborum Obligationibus.*

Quant aux pactes joints *ex intervallo*, soit à un
contrat de bonne foi (1), soit à un contrat de droit
strict, ils ne donnaient lieu qu'à des exceptions. « ...*Ex*
» *intervallo non inerunt, nec valebunt, si agat : ne ex*
» *pacto actio nascatur...., si post emptionem ex inter-*
» *vallo aliquid extra naturam contractus conveniat :*
» *ob hanc causam agi ex emplo non posse...... sed ex*
» *parte rei locum habebit pactum ; quia solent ea pacta*
» *quæ postea interponuntur parere exceptiones.* » (*Ulp.*
» L. 1, § 5, D. *de Pactis.*) Il y avait toutefois, à cet
égard, entre les contrats de bonne foi et les contrats de
droit strict, cette différence que, dans les premiers, les
exceptions résultant du pacte n'avaient pas besoin d'ê-
tre insérées dans la formule (L. 3. D. *de rescind. Ven-*
dit.), puisqu'étant fondées sur l'équité, elles rentraient
nécessairement dans l'office du juge qui, dans les actions de bonne foi, devait juger *ex bono et æquo*, tandis que, dans les contrats de droit strict, elles devaient
être demandées au préteur, et insérées dans la formule.

Au point de vue de leur étendue on distinguait
les pactes en pactes *in rem*, et pactes *in personam*. Le
pacte était *in rem* lorsqu'il était général, par exemple,
lorsque le créancier était convenu de ne pas demander
la dette ; il était *in personam* lorsque ses effets étaient
limités à telle ou telle personne, par exemple, quand le
créancier était convenu de ne pas demander la dette à
tel débiteur (*Ulp. L. 7, § 8, D. de Pactis*).

(1) Tels étaient la vente, le louage, la société, le mandat, le
dépôt et le commodat, auxquels Justinien ajouta plus tard, le
gage. (*Conf. Gai. com.* IV, § 62, et *Inst. Just.*, lib. IV, t. VI, § 2.)

Maintenant que nous avons exposé les principes généraux qui, en droit romain, régissaient les pactes, voyons quels étaient leurs effets en matière de solidarité active. En d'autres termes, quel était l'effet de tout pacte, et particulièrement du pacte de remise de dette, intervenu entre l'un des cocréanciers solidaires et le débiteur? Il est impossible de répondre à cette question d'une manière générale; il faut à cet égard faire plusieurs distinctions. Et d'abord, faisons une remarque qui pourra nous guider au milieu des difficultés nombreuses que présente la matière : c'est qu'en ce qui concerne les pactes, la règle générale c'est l'équité (*Ulp*. L. 1, pr. D. *de Pactis*). De là découlent tous les principes que nous avons exposés plus haut. En effet, si les pactes joints à un contrat de bonne foi en font partie, c'est parce que ces contrats, étant pour la plupart fondés sur le seul consentement des parties, il était juste que, tant qu'ils n'avaient pas reçu de commencement d'exécution, ils pussent être modifiés de la même manière (L. 7, § 6, D. *de Pactis. Inst.*, L. 3, t. 29, § 4). C'est encore parce que ces contrats, donnant lieu à des actions de bonne foi, devaient être jugés suivant les principes de l'équité. Pourquoi, dans les autres cas, les pactes même joints à un contrat de droit strict, produisaient-ils des exceptions, tandis qu'ils ne produisaient pas d'action? C'est parce que les exceptions étaient fondées sur l'équité, et avaient été introduites par le préteur pour faire entrer cet élément dans le droit civil, et obvier aux conséquences injustes qui seraient résultées de sa stricte application (*Inst.* L. 4, t. 23 pr.)

Ceci posé, examinons les diverses hypothèses qui peuvent se présenter.

Supposons d'abord que la créance solidaire ait été engendrée par un contrat de bonne foi, et que le pacte, fait par l'un des créanciers, ait été joint immédiatement à ce contrat; dans ce cas il en faisait partie (*inest contrāctui*), et, s'il avait été fait *in rem*, il était opposable à tous les cocréanciers. Soit donc que ce pacte eut ajouté une condition à l'obligation, soit qu'il eut accordé au débiteur un terme, ou une remise de dette, il était valable à l'égard de tous les cocréanciers, qu'ils fussent associés ou non, car, le pacte ayant eu lieu en leur présence, ils étaient censés y avoir adhéré dès qu'ils n'avaient pas réclamé, et il était juste qu'ils en fussent tenus, ou qu'il leur profitât s'il avait ajouté à l'obligation du débiteur. Si au contraire le pacte dont il s'agit avait été fait *in personam*, il était nécessairement borné à la personne du créancier qui l'avait fait, et ne pouvait être opposé qu'à celui-ci. Toutefois, si les cocréanciers étaient associés, le pacte de remise pouvait être opposé, par le débiteur, aux cocréanciers de celui qui avait pactisé, pour la part de celui-ci dans la créance commune ; car, par suite de la société qui existait entre eux, il y avait dol de leur part à demander au débiteur la totalité de la dette, puisque le créancier, qui avait remis la dette au débiteur, recevait indirectement le paiement d'une créance qui était éteinte. Il y a donc lieu de penser que, dans ce cas, il devait entrer dans l'office du juge, qui dans les actions de bonne foi doit juger *ex bono et æquo* (*Gaï.*, c. IV, § 46 et 61), de défalquer du montant de la condamnation la part du créancier qui avait fait la remise « *Cum enim doli* » *exceptio insit bonæ fidei judiciis.* » (*Ulp.* L. 21 *in fin.* D. *Solut. matrim.*)

Mais si le pacte fait par l'un des créanciers avec le débiteur n'avait pas eu lieu au moment du contrat, mais postérieurement (*ex intervallo*), l'exception qui en résultait pouvait-elle être opposée aux cocréanciers de celui qui avait fait la remise de dette ? Non, quand même le pacte eût été conçu *in rem*.

En effet le pacte, dans ce cas, ne faisant pas partie du contrat, et n'étant qu'une simple convention sans valeur, aux yeux du droit civil, ne pouvait éteindre ni modifier une obligation valable selon ce droit; et si le droit prétorien, par un motif d'équité, avait donné quelques effets à cette convention, ces effets ne pouvaient s'étendre au delà des personnes entre lesquelles elle était intervenue. A l'égard des autres elle était *res inter alios acta.* D'ailleurs chacun des cocréanciers, étant censé seul maître de la créance, conservait le droit d'en demander le paiement tant qu'un autre ne l'avait pas éteinte; or le pacte de remise laissant subsister l'action, même à l'égard du créancier qui l'avait fait, il s'ensuit que les autres conservaient *a fortiori* le droit de l'intenter, et comme ils n'avaient pas fait de pacte, le débiteur ne pouvait exciper à leur égard d'une convention à laquelle ils étaient étrangers. Il en eût toutefois été autrement si les cocréanciers eussent été associés; car, si comme nous l'avons déjà dit, cette société ne pouvait modifier directement les droits que chacun des créanciers tenait du contrat, elle avait néanmoins sur ces droits une influence indirecte, puisqu'elle obligeait les cocréanciers à partager entre eux les bénéfices de la créance. Or, comme le créancier qui avait fait la remise, devait recevoir sa part du paiement fait à son cocréancier, il était censé demander indirectement le paiement de la dette dont il avait fait remise, lorsque son cocréancier le demandait (L. 29, D. *de Receptis*). Il y a donc lieu de penser que, dans ce cas, il devait entrer dans l'office du juge de ne condamner le débiteur que déduction faite de la part qu'aurait eue dans le paiement intégral le créancier qui avait fait la remise.

Maintenant supposons que le contrat qui avait donné lieu à la créance solidaire fût un contrat de droit strict; dans ce cas le pacte ne produisait qu'une exception, soit qu'il eût immédiatement accompagné le contrat, soit qu'il n'y eût été joint qu'après coup (*ex intervallo*). Mais cette exception était-elle opposable aux cocréanciers de celui qui avait pactisé avec le débiteur? Non, quand même ils eussent été associés. En effet, l'exception, laissant subsister le contrat primitif, et n'étant accordée, dans ce cas, par le préteur, que pour corriger la rigueur du droit civil, et pour maintenir, dans un but d'équité, une convention librement formée, ne pouvait être opposée qu'à ceux qui y avaient été parties. Vainement objecterait-on qu'en cas de société entre les cocréanciers solidaires, celui qui avait fait remise de la dette au débiteur aurait profité du paiement fait aux autres : nous sommes ici en matière de droit strict ; nous devons nous en tenir à l'application pure et simple des principes ; et il ne peut y avoir lieu, comme dans les contrats de bonne foi, de faire large part à l'équité. Aussi le jurisconsulte Paul nous dit-il : « *Si unus ex* » *argentariis sociis cum debitore pactus sit : an etiam* » *alteri noceat exceptio? Neratius, Atilicinus, Pro-* » *culus, nec si in rem pactus sit alteri nocere... Idem-* » *que in duobus reis stipulandi dicendum est.* » (L. 27, D. *de Pactis.*)

Cependant, malgré ce texte si précis, l'opinion que nous soutenons est contestée en ce qui concerne les cocréanciers solidaires associés. Dans l'opinion adverse on argumente des lois 34 pr., D. *de Receptis* et 28 pr. D. *de Jurejurando.* Dans la première (la loi 34, D. *de Receptis*) le jurisconsulte Paul suppose qu'un des créanciers solidaires a fait un compromis avec le débiteur, et a été condamné par l'arbitre à ne pas demander le paiement de la dette. Un de ses cocréanciers exige ce paiement, la peine du compromis est-elle encourue par celui qui y a été partie? Oui, répond le jurisconsulte; s'ils sont associés. Nous trouvons les motifs de cette dé-

cision dans la loi 20, D. *de Receptis;* c'est que le créancier qui a compromis devant, par suite de la société qui
existe entre lui et son cocréancier, recueillir une partie
du paiement fait à celui-ci, il est, par la force des choses, τῇ δυνάμει, comme dit Ulpien, censé demander le
paiement que réclame son cocréancier. « Par consé-
» quent, disent nos adversaires, si un des créanciers so-
» lidaires associés a fait avec le débiteur un pacte *in*
» *rem* de *non petendo,* n'est-il pas censé, par la force
» des choses, réclamer le paiement que demande son
» cocréancier, puisque, par suite de la société qui existe
» entre eux, il en partagera le bénéfice avec lui? Pour-
» quoi donc le débiteur ne pourrait-il dans ce cas
» opposer au créancier qui le poursuit le pacte qu'il a
» fait avec le cocréancier de celui-ci? » La réponse est
facile, car cette argumentation repose sur une pétition
de principe. En effet, la loi 34, D. *de Receptis* ne donne
pas au débiteur le droit d'opposer au créancier qui
l'actionne le compromis qu'il aurait fait avec le cocréancier de celui-ci; elle dit seulement que, si le
créancier qui est resté étranger au compromis, exige le
paiement de la dette, contrairement à la sentence que
l'arbitre aurait prononcée contre son créancier, la peine
sera encourue par celui-ci, puisque, par le fait, il est
censé avoir demandé le paiement au débiteur, contrairement au pacte qu'il a fait. Ce texte n'a donc pas le
sens que lui donnent nos adversaires, et on ne peut en
argumenter pour restreindre la portée de la loi 27, D.
de Pactis; d'autant plus que cette loi, qui est aussi de
Paul, est tirée du même ouvrage (le Commentaire sur
l'édit), et raisonne aussi dans l'hypothèse de banquiers
ou de costipulants associés.

Nous avons, il est vrai, fait une restriction au principe contenu dans la loi 27 *de Pactis,* pour le cas où
la solidarité aurait résulté d'un contrat de bonne foi,

et nous avons, en nous fondant sur la loi 29, D. *de Recep-tis*, fait une argumentation analogue à celle de nos adversaires; mais elle se justifie par la large part que l'on doit faire à l'équité en cette matière, et par les tempéraments qu'on y apportait (comme le prouve la loi 47, D. *Locati*) à la rigueur du lien solidaire. Mais en ce qui touche les contrats de droit strict, rien ne justifie le système que nous combattons.

Voyons maintenant l'argument tiré du *principium* de la loi 28, D. *de Jurejurando*. Ce texte dit que si l'un des cocréanciers solidaires a déféré le serment au débiteur, ce serment sera opposable à l'autre créancier. Nos adversaires en concluent que le débiteur avec qui l'un des créanciers a fait un pacte de remise de dette, doit pouvoir l'opposer aux autres, au moins dans le cas où ils sont associés. Mais c'est là confondre doux choses toutes différentes et qui ne peuvent être assimilées: le pacte de remise et la délation du serment. En effet, le débiteur qui fait serment *qu'il ne doit pas*, n'invoque pas une convention entre lui et l'un des créanciers solidaires, une libéralité à lui faite par l'un d'eux, libéralité qui doit rester personnelle à celui qui l'a faite, car on ne peut donner que son bien et non celui des autres (L. 54, § 1, D. *de Furtis*); il invoque au contraire un paiement, il établit un fait qui a éteint naturellement et civilement l'obligation, et peut dès lors être opposé à tous les cocréanciers; car dès que la dette est éteinte, elle l'est à l'égard de tous. Le pacte au contraire ne peut éteindre la dette, par conséquent il ne peut être opposé qu'à celui qui l'a fait. L'argumentation de nos adversaires n'est donc pas mieux fondée sur ce point que sur le premier, et leur système doit être rejeté.

Toutefois nous pensons que si le pacte avait eu lieu *in rem*, et que celui qui l'avait fait eût été le mandataire général ou spécial des autres créanciers, ou avait pu être considéré comme tel, le débiteur aurait pu leur opposer le pacte fait avec leur cocréancier. C'est ce qui résulte du § 2 de la loi 10 D. *de Pactis*, ainsi que des lois 11 et 12 du même titre.

SECTION V.

De la confusion.

Lorsque les qualités de créancier et de débiteur d'une même chose, viennent se réunir sur la même tête, elles se fondent pour ainsi dire l'une dans l'autre, en un mot il s'opère une confusion d'où résulte l'extinction des droits et obligations qui y étaient attachés. (L. 75, D. *de Solution.*)

Toutes les fois que les jurisconsultes parlent de confusion, il s'agit de la confusion des qualités de créancier et de débiteur. Les Romains rangeaient la confusion parmi les modes civils d'extinction des obligations: « *Verborum obligatio resolvitur civiliter cum in eamdem » personam, jus stipulantis, promittentisque devenit.* » (Pomp. L. 107, D. *de Solution.*) « *Aditio hereditatis » nonnunquam jure confundit obligationem : veluti si » creditor debitoris, vel contra debitor creditoris adierit » hereditatem.* » (Pap. L. 95, § 2, D. *de Solution.*) Par conséquent lorsque l'un des créanciers solidaires succédait au débiteur, ou celui-ci à l'un d'eux, la dette se trouvait éteinte à l'égard de tous. En effet, chacun des créanciers solidaires étant propriétaire de la totalité de la créance, il s'ensuit que, lorsque l'un d'eux succédait au débiteur, il se trouvait tout à la fois débiteur et créancier de toute la dette, et conséquemment la confusion qui s'était opérée en sa personne, devait éteindre toute la dette. Il était, par le fait, censé s'être payé à lui-même, car la confusion, selon Papinien, tient lieu de paiement : « *Aliquando pro solutione ce-* » *dit.* » (L. 95, § 2, D. *de Solution.*)

Si c'était le débiteur qui avait succédé à l'un des créanciers solidaires, il était devenu créancier de toute la dette, car, par l'adition d'hérédité, il était devenu propriétaire de tous les droits compétant à son auteur, par conséquent il était censé s'être payé sa dette à lui-même, et la créance solidaire était éteinte à l'égard de tous les créanciers. Aussi, Modestin nous dit-il : « *Nam* » *si debitor heres creditori extiterit, confusio heredi-* » *tatis peremit petitionis actionem.* » (L. 75, D. *de So-lutionib.*)

Mais si la succession de l'un des créanciers au débiteur commun, ou du débiteur à l'un des créanciers n'avait eu lieu que pour partie, il ne pouvait y avoir confusion, et, par suite, extinction de la créance et de la dette, que pour une part proportionnelle à celle qui revenait, soit au créancier dans la succession du débiteur, soit au débiteur dans la succession du créancier. Nous avons ici plusieurs hypothèses à examiner ; mais avant de le faire, nous devons poser une règle générale qui recevra son application dans les différentes questions qui vont se présenter : c'est que, s'il était vrai, en principe, que toutes les créances ou dettes, à l'exception de celles qui avaient pour objet des choses indivisibles (L. 1, § 1 et 2, D. *de Verb. obl.*), se divisaient de plein droit entre les héritiers du créancier ou du débiteur, il n'en était pas ainsi dans la pratique ; elles ne se partageaient pas par suite de l'action *familiæ erciscundæ* (Ulp. L. 1, § 5 et L. 4, pr. *Fam. ercisc.*) Par un motif d'utilité, et pour faciliter le recouvrement des dettes, on avait admis que, dans cette action, il entrait dans l'office du juge d'attribuer en totalité un certain nombre de dettes et de créances à chaque héritier,

qui, dès lors, devait poursuivre les débiteurs héréditai-
res, ou défendre l'action des créanciers, partie en son
propre nom, partie comme procureur de ses cohéritiers.
Néanmoins, malgré cette attribution de la dette à l'un
des héritiers, le créancier du défunt restait libre de diviser son action entre tous les cohéritiers (*Gaï.* L. 3, D.
Fam. ercisc.)

Maintenant examinons les différentes hypothèses qui
pouvaient se présenter.

Si nous supposons que c'était l'un des créanciers solidaires qui avait succédé pour partie au débiteur,
nous avons à distinguer si c'était lui qui actionnait ses
cohéritiers, pour se faire payer la dette du défunt,
comme créancier de celui-ci ; ou si, au contraire, il
était actionné lui-même, par un de ses cocréanciers,
comme héritier du débiteur commun. Dans le premier
cas, s'il poursuivait ses cohéritiers avant le partage de
l'hérédité par l'action *familiæ erciscundæ*, il ne pouvait
demander à chacun d'eux que sa part dans la dette du
défunt ; si au contraire il n'agissait qu'après le partage
de l'hérédité, il pouvait s'en prendre uniquement à
celui de ses cohéritiers à la charge de qui la dette avait
été mise, et agir contre lui pour le tout, en prenant soin,
toutefois, de déduire dans sa demande la portion de sa
créance pour laquelle il y avait eu confusion, c'est-à-
dire la part qu'il devait supporter, en définitive, dans la
dette du défunt. En ne faisant pas cette déduction, il
s'exposait à voir sa demande repoussée pour le tout
par l'exception de dol, car quiconque demandait à son
débiteur ce qu'il aurait dû lui restituer immédiatement
commettait un dol. (*Pl.* L. 8, pr. D. *de Doli mali.*) Or
si, en qualité de créancier du défunt, il s'était fait
payer la totalité de la dette par son cohéritier, celui-ci
eût pu lui réclamer immédiatement, par l'action de
mandat, la part qu'il devait supporter dans cette dette.

Dans le second cas, c'est-à-dire lorsque le créancier solidaire, héritier du défunt, était actionné par un de ses cocréanciers, il pouvait repousser son action pour le tout, soit avant, soit après le partage de l'hérédité par l'action *familiæ erciscundæ*. En effet, s'il était poursuivi avant le partage, il ne pouvait l'être que pour sa part dans la dette du défunt, et il pouvait repousser la demande de son cocréancier en lui disant : « Je ne vous dois rien, je me suis payé à moi-même la portion dont j'étais tenu dans la dette du défunt. » S'il était poursuivi après le partage, et que le juge eût mis toute la dette à sa charge, il pouvait dire à son cocréancier, si celui-ci l'actionnait pour la totalité de la dette : « J'avais mission de payer la totalité de la dette mise à ma charge, je me la suis payée à moi-même, par conséquent la dette de mon auteur est éteinte, et vous n'avez rien à me demander. » Toutefois il est probable que cette hypothèse ne se réalisait jamais et que le créancier préférait diviser (nonobstant l'attribution faite par le juge) son action entre les cohéritiers du défunt, afin de conserver ses droits contre les cohéritiers de son cocréancier.

Si maintenant nous supposons que c'était le débiteur commun qui avait succédé pour partie à l'un des cocréanciers solidaires, deux hypothèses pouvaient se présenter : ou il était actionné, par ses cohéritiers, comme débiteur du défunt, ou il était poursuivi par un des cocréanciers solidaires. Dans le premier cas, s'il était actionné par ses cohéritiers avant le partage de l'hérédité, chacun d'eux ne pouvait lui demander que sa part de la créance ; si, au contraire, il était poursuivi, après le partage de l'hérédité, par celui de ses cohéritiers auquel le juge de l'action *familiæ erciscundæ* avait attribué la totalité de la créance, il ne pouvait l'être que déduction faite de la part dont il avait hérité dans la créance solidaire. Autrement il eût pu repousser la demande de son cohéritier par l'exception de dol.

Dans le second cas, c'est-à-dire lorsque le débiteur, héritier pour partie d'un des créanciers solidaires, était actionné par un des cocréanciers de son auteur, il y avait encore à distinguer si c'était avant ou après le partage de l'hérédité du créancier défunt. Si c'était avant le partage, il pouvait repousser la demande du créancier survivant pour une part de la créance proportionnelle à sa part héréditaire, en disant à ce créancier : J'ai hérité de telle portion de la créance solidaire, je me la suis payée à moi-même, ma dette est donc éteinte pour telle partie. Si au contraire, il n'était actionné qu'après le partage, et que le juge de l'action *familiæ erciscundæ* lui eût attribué la totalité de la créance solidaire, du chef du défunt, il pouvait repousser complétement l'action des cocréanciers de celui-ci, en invoquant l'extinction de la dette, par la confusion. En effet, il pouvait dire à celui qui le poursuivait : « J'avais mission d'exercer l'action qui compétait à votre cocréancier défunt, je l'ai fait, je me suis payé à moi-même, ma dette est donc éteinte, et vous n'avez plus rien à me demander.

Remarquons toutefois que si, dans ce cas, la créance solidaire était complétement éteinte à l'égard des cocréanciers solidaires du défunt, il n'en était pas de même à l'égard des héritiers de celui-ci qui pouvaient réclamer, par l'action de mandat, au débiteur, leur cohéritier, leur part de la créance dont il était censé avoir reçu le paiement.

Les principes que nous venons d'exposer auraient eu leur application, lors même que les créanciers solidaires eussent été associés ; car, ainsi que nous l'avons déjà dit, les liens de société qui pouvaient exister entre eux, n'avaient aucun effet relativement au débiteur ou au contrat qui le liait envers eux. Ainsi, lorsque l'un des créanciers solidaires associés devenait l'unique héritier du débiteur, ou *vice versa*, la créance solidaire et la dette étaient complétement éteintes par la confusion; mais après cette extinction il y avait lieu, soit entre les cocréanciers seuls, soit entre les cocréanciers et l'ancien débiteur, si c'était lui qui avait succédé à l'un d'eux, aux comptes réciproques résultant de la société. « *In heredem quoque socii,* » *pro socio actio competit, quamvis heres socius non sit, licet enim socius non sit, attamen emolumenti succes» sor est.* » (Ulp. L. 63, § 8, D. *Pro socio.*) D'où il suit que, s'il y avait en droit extinction complète de la créance solidaire et de la dette, le résultat définitif était le même que si la confusion n'avait eu lieu que pour partie. En effet, si c'était le débiteur qui avait succédé à l'un des créanciers associés, ses cocréanciers pouvaient lui dire : « Vous avez hérité de notre cocréancier, en succédant à ses droits vous avez succédé à ses obligations, par suite de la confusion qui s'est opérée en votre personne, vous êtes censé vous être payé votre dette à vous-même, donnez-nous notre part de ce que vous êtes censé avoir reçu.» Il était donc obligé de leur payer la dette, déduction faite de la part qui revenait à son auteur.

Si c'était l'un des créanciers qui avait succédé au débiteur, ses cocréanciers pouvaient lui réclamer leur part de la créance, en lui disant : « Vous êtes censé vous être payé à vous-même la dette de notre débiteur, donnez-nous notre part de la somme que vous êtes censé avoir reçue. » Il devait donc, en définitive, leur payer la dette du défunt, déduction faite de sa part dans la créance solidaire.

Les mêmes principes devaient s'appliquer encore, bien que celui des créanciers solidaires associés qui succédait au débiteur, ou le débiteur qui succédait à celui-ci, ne fussent héritiers que pour partie. Ainsi *Primus, Secundus* et *Tertius* sont créanciers solidaires de *Quartus*. Celui-ci meurt laissant deux héritiers, *Quintus* et l'un des créanciers *Tertius. Primus* actionne *Tertius*, avant le partage de l'hérédité de *Quartus*, pour la moitié de la dette de celui-ci. *Tertius* repoussera complétement sa demande en invoquant la confusion qui a éteint la portion de dette dont il était tenu. Mais alors *Primus* et *Secundus*, ses cocréanciers, lui réclâmeront, par l'action *Pro socio*, leur part dans le paiement partiel qu'il est censé avoir reçu, et il devra leur donner à chacun un tiers de la moitié, c'est-à-dire un sixième de la dette totale. Ils pourront alors demander chacun un sixième à *Quintus*, ou même l'un d'eux, *Primus* par exemple, pourra lui demander la seconde moitié de la dette, sauf à en restituer un tiers à chacun de ses cohéritiers, *Secundus* et *Tertius*.

Si *Tertius* n'est actionné qu'après le partage de l'hérédité de *Quartus*, et que le juge ait mis la totalité de la dette à sa charge, il pourra être poursuivi pour le tout, mais alors il repoussera la demande de *Primus* pour la totalité en invoquant la confusion ; à quoi *Primus* et *Secundus* répondront en lui demandant, par l'action *Pro socio*, chacun un tiers du paiement qu'il est censé avoir reçu.

Si au contraire c'est le débiteur *Quartus* qui a succédé à *Tertius*, l'un des créanciers, lequel a laissé un autre héritier *Quintus*, *Quartus*, actionné avant le partage de l'hérédité de *Tertius*, par l'un des cocréanciers de celui-ci, repoussera sa demande pour moitié en lui disant : « Je suis héritier de *Tertius* pour moitié, et je me suis payé, à moi-même, moitié de ma dette. »

Mais *Primus* et *Secundus* pourront lui réclamer, par l'action *Pro socio*, chacun un tiers de cette moitié, ou un sixième de la dette totale, et il ne lui restera qu'un sixième. Si *Quartus* n'est poursuivi qu'après le partage, et que le juge lui ait attribué la totalité de la créance, il pourra, en invoquant la confusion qui s'est opérée en sa personne, repousser pour la totalité la demande de *Primus* ou de *Secundus*. Mais alors chacun d'eux pourra lui réclamer, par l'action *Pro socio*, le tiers de la créance totale. En outre, comme il est aussi mandataire de *Quintus*, il devra lui restituer la moitié du tiers qui lui reste, c'est-à-dire un sixième ; en sorte que le résultat définitif sera pour lui le même que s'il n'y avait eu confusion que pour un sixième de la dette.

Ici se présente une autre question :

Si, au lieu de succéder au débiteur commun, l'un des *correi credendi* avait succédé à son coucréancier, y avait-il encore confusion ? Non.

En effet, pour que la réunion de deux qualités sur une même tête pût amener l'extinction des droits et obligations qui y étaient attachés, il fallait que ces deux qualités fussent incompatibles, et l'opposé l'une de l'autre, comme celles de créancier et de débiteur d'une même chose ; ou, au moins, si elles étaient de nature analogue, que les obligations, résultant de ces deux qualités, fussent l'accessoire l'une de l'autre. Dans ce cas, les deux obligations n'étaient pas éteintes par leur réunion sur la même tête, mais l'obligation accessoire s'absorbait dans l'obligation principale, qui continuait de subsister (Ulp. L. 5, D. *de Fidejus. et Mandat.*).

Mais, si les deux qualités qui venaient à se réunir sur la même tête, comportaient des droits ou des obligations de même nature et étendue, *ejusdem potestatis*, comme dit Ulpien, il n'y avait pas à examiner lequel de ces droits, ou laquelle de ces obligations était périmée, il y avait coexistence des deux droits ou des deux obligations, qui continuaient à résider concurremment dans la même personne. En sorte qu'il y avait, comme dit Scœvola, non pas confusion, mais adjection des deux droits, ou des deux obligations.

« *Cum vero duæ sint ejusdem potestatis, non potest repe-*
» *riri cur altera potius quam altera consumeretur.....*
» *ut duæ obligationes in unius persona concurrant.* »
(Ulp. L. 5, D. *de Fidejus. et Mand.*) « *Quoties duæ sint*
» *principales, altera alteri potius adjicitur ad actionem,*
» *quam confusionem parere.* » (Scœv. L. 93, § 2, D. *de*
Solution.)

Par conséquent, si l'un des créanciers solidaires venait à hériter de son cocréancier, il n'y avait pas confusion des deux droits de créance, ils subsistaient concurremment en la personne du costipulant héritier, qui toutefois les consommait tous les deux par une seule action en justice : car ces deux créances, n'ayant qu'un seul et même objet, devaient s'éteindre par une seule et même poursuite judiciaire. « *Si duo rei sint stipu-* » *landi, et alter alterum heredem scripsit, videndum,* » *an confundatur obligatio ? Placet non confundi.* » (Scœv. L. 93, pr. D. *de Solution.*) *Si reus stipulandi* » *extiterit heres rei stipulandi, duas species obligatio-* » *nis sustinebit ; plane si ex altera earum egerit, utram-* » *que consumet.* » (Ulp. L. 5, D. *de Fidejus. et Mand.*).

Mais, ces deux droits de créance, qui se réunissaient sur la tête du créancier, héritier de son cocréancier, devant s'éteindre par une seule action en justice, quel intérêt avait-il à leur coexistence en sa personne ? Cet intérêt n'apparaît pas au premier abord ; mais, si nous supposons que le débiteur fût à même de repousser la demande de ce créancier par une exception *pacti conventi*, nous comprendrons facilement l'avantage que celui-ci trouvait dans la coexistence des deux droits de créance en sa personne, puisque cette coexistence lui permettait d'éviter les effets de l'exception du débiteur, en actionnant celui-ci, au nom et comme héritier de son cocréancier (Scœv. L. 93, pr. D. *de Solution.*).

Nous ne mentionnons ici l'exception *pacti conventi*

que comme exemple ; il est évident qu'il en eût été
de même, toutes les fois que le débiteur aurait eu le
moyen de repousser la demande d'un des créanciers,
tandis qu'il eût été désarmé à l'égard de l'autre.

SECTION VI.

De la compensation.

Le débiteur pouvait-il, d'après le Droit romain, opposer à la demande d'un des cocréanciers solidaires la
compensation de ce que lui devait le cocréancier de celui-ci ? La solution de cette question reposant sur les
règles de la compensation, nous allons les exposer som-
mairement.

La compensation, nous dit Modestin, est la balance
entre une dette et une créance, et l'imputation réciproque de l'une sur l'autre. « *Compensatio est debiti et*
» *crediti inter se contributio.* » (L. 1, D. *de Compensat.*)
Dans les principes romains, la compensation n'était pas
une cause d'extinction des obligations, c'était une chose
d'équité, de commodité entre les parties, car, dit Pomponius, il nous est plus avantageux de ne pas payer
que de répéter ce que nous avons payé. (L. 3, D. *de*
Compensat.)

Sous le système formulaire, dans les actions de bonne
foi (1), le juge étant chargé d'apprécier, *ex bono et*
æquo, ce que devait le défendeur, il parut injuste de
le condamner à payer la totalité de sa dette, lorsque
par suite du contrat qui l'avait produite (*ex eadem*

_____

(1) C'étaient, au temps de Gaïus, les actions *ex empto vendito,*
locato conducto, negotiorum gestorum, mandati, depositi, fi-
duciæ, pro socio, tutelæ, commodati, et, par conjecture, *rei*
uxoriæ (Gai. Com. 4, § 62). Justinien retrancha les actions *fi-*
duciæ et *rei uxoriæ* et on ajouta quatre autres (*Inst.*, L. 4,
t. VI, § 28).

causa) le demandeur lui devait aussi quelque chose. On
admit donc qu'il entrerait dans l'office du juge de faire
la compensation des obligations réciproques des parties, provenant *ex eadem causa* (Gai., Com. 4, §§ 61,
62 et 63), et de ne condamner le défendeur qu'au reliquat, quel que fût l'objet des deux obligations, puisque, sous le système formulaire, toute condamnation
était nécessairement pécuniaire ; mais, comme cette
compensation n'était qu'un résultat de procédure, et
non un mode d'extinction de la créance, si le juge ne
l'avait pas faite, l'action primitive subsistait entière.
(Ulp., L. 7, § 1, D. *de Compensat.*)

Quant aux actions de droit strict, la jurisprudence
admit qu'il y avait dol de la part d'une partie à demander ce qu'elle sera obligée de rendre aussitôt.
(Pl., L. 8, D. *de Doli mal.*) Par conséquent, dans les
actions de droit strict, qui provenaient toutes d'obligations unilatérales, la compensation se faisait valoir, en
vertu d'un rescrit de Marc-Aurèle, au moyen de l'exception de dol. (*Inst.*, L. 4, t. VI, § 30.)

Toutes les fois que le demandeur était à son tour débiteur de celui qu'il actionnait, celui-ci pouvait demander contre lui, et obtenir du préteur l'exception
de dol (1), fondée sur ce qu'il aurait dû opérer la com-

---

(1) Il est même à croire que l'exception de dol ne fut pas toujours nécessaire en ce cas, puisque Paul nous dit que si le créancier demande au débiteur la totalité de la dette, il perd son procès
pour plus-pétition. « *Si totum petas, plus petendo causa cadis.* »
(Sent., L. 2, t. V, § 3.) D'où l'on peut conclure que, suivant ce
jurisconsulte, les deux créances s'étaient éteintes de plein droit
jusqu'à concurrence de la plus faible.

Ce principe est sanctionné dans un rescrit de l'empereur
Alexandre Sévère (L. 4, c. *de Compensat.*) qui dit que l'on doit
considérer la compensation comme s'étant opérée de plein droit
du jour où les parties se sont trouvées respectivement débitrices
l'une de l'autre. Alexandre Sévère régna de 222 à 235. Paul florissait vers 197, et fut contemporain de Papinien et d'Ulpien.

pensation, et ne l'actionner que pour le reliquat. Mais, les actions de droit strict provenant toutes d'obligations unilatérales, on conçoit que la compensation devait nécessairement avoir lieu ici entre des dettes et des créances provenant de causes différentes (*ex dispari causa*); mais, d'un autre côté, il fallait qu'elles eussent pour objet des choses de même nature (*ex pari specie*), et qu'elles fussent exigibles (Ulp., L. 7, D. *de Compensat.*), car sans cela on eût pu dire que le demandeur, qui n'avait pas fait la compensation, demandait ce qu'il devrait rendre, ou demandait ce qui ne lui était pas dû (V. la note ci-dessus).

Remarquons que la compensation, opposée au moyen de l'exception de dol, ne donnait pas au juge le pouvoir d'opérer, comme dans les actions de bonne foi, la compensation des dettes et créances respectives; ses effets étaient tout différents; car si le défendeur justifiait de sa créance contre le demandeur, l'exception de dol entraînait son absolution. C'est ce qui résulte de la formule : *Si in ea re nihil dolo malo factum sit neque fiat* (Gai. c. 4, § 119). De là il résulte que le défendeur pouvait répéter par la *condictio indebiti* la dette qu'il aurait pu compenser par l'exception de dol qui était perpétuelle. (L. 26, § 3, D. *de Condict. indeb.*)

La plus-pétition, que le défendeur pouvait invoquer pour défaut de compensation, avait le même effet; c'est ce qui résulte de ce passage des Sentences de Paul :
« *Compensatio debiti ex pari specie et causa dispari*
» *admittitur : velut si pecuniam tibi debeam, et tu mihi*
» *pecuniam debeas aut frumentum aut cætera hujus-*
» *modi, licet ex diverso contractu, compensare vel de-*
» *ducere debes. Si totum petas, plus petendo causa ca-*
» *dis.* » (L. 2, t. V, § 3). Le principe qu'il y avait plus-pétition, de la part du demandeur, à ne pas opérer, dans sa demande, la compensation de ce qu'il de-

vait au défendeur, fut un progrès de la jurisprudence en cette matière. Il n'était pas admis dans l'origine de la procédure formulaire, et il ne put être définitivement établi que sous le règne d'Alexandre Sévère, puisque le principe sur lequel il reposait, à savoir l'extinction de plein droit des dettes et créances respectives jusqu'à concurrence de la plus faible, était vraisemblablement contesté avant le rescrit de ce prince.

Des règles particulières s'étaient établies à l'égard des *argentarii*, qui avaient avec leurs clients des comptes courants de créances et de dettes; ils devaient eux-mêmes en faire la balance, et n'actionner leurs clients que pour le reliquat; et, si dans leur *intentio*, ils demandaient un écu de plus (*uno nummo*), ils perdaient leur procès. Mais il fallait pour cela que les dettes et créances respectives fussent exigibles, et eussent pour objet des choses de même nature (Gai. c. 4, § 64, 66 et 68). Il est facile de voir, d'après cela, que, dans le passage des *Sentences* que nous avons cité plus haut, Paul n'a fait que généraliser le principe admis antérieurement à l'égard des *argentarii*.

Tels étaient les principes généraux du Droit romain en matière de compensation; c'est d'après les distinctions qu'ils établissent, que nous allons résoudre la question que nous avons posée au commencement de cette section. Nous allons l'examiner successivement par rapport aux contrats de bonne foi, aux contrats de droit strict et aux *argentarii*.

Si la créance solidaire résultait d'un contrat de bonne foi, la question ne pouvait donner lieu à discussion, car dans ce cas la compensation rentrant dans l'office du juge, et ne pouvant avoir lieu que pour dettes résultant du contrat productif de la créance solidaire, il en résultait que tous les créanciers en étaient également tenus et que le juge devait en opérer la compensation à l'égard de chacun d'eux. Si, au contraire, nous supposons une créance solidaire résultant d'un contrat de droit strict, la question pouvait se présenter, mais elle devait être résolue négativement. En effet, chaque créancier étant étranger aux autres, et pouvant exiger le paiement intégral de la créance, et libérer le débiteur, à l'égard des autres, sans être tenu de leur rendre aucun compte, il est bien clair que le débiteur ne pouvait prétendre que celui des créanciers qui l'actionnait commettait un dol, ou demandait plus qu'il ne lui était dû, en ne compensant pas avec sa créance la dette r on cocréancier : c'eût été vouloir lui faire payer la dette d'autrui, et lui enlever le profit d'une créance qu'il avait le droit de percevoir intégralement (L. 19 pr. D. *de re Judicat.*).

Mais doit-on décider de même pour le cas où les cocréanciers solidaires étaient associés? Oui.

En effet, la société qui existait entre les créanciers était un contrat particulier qui n'avait d'effet qu'entre eux, et ne pouvait changer leurs droits à l'égard du débiteur. Il en aurait été ainsi lors même que la créance, dont le débiteur voulait opposer la compensation, fût provenue d'une dette contractée par un des créanciers solidaires associés, au profit de la société, car à Rome les sociétés n'étaient pas des personnes morales, et le lien social obligeait seulement les associés à se faire raison des dépenses ou des gains qu'ils avaient faits à l'occasion des affaires sociales (L. 27-28-38 et 52, §§ 4 12 et 15, D. *Pro socio*). C'est vainement que l'on argumenterait contre nous du fragment suivant de Paul : « *Jure* » *societatis, per socium, ære alieno socius non obliga-* » *tur, nisi in communem arcam pæcuniæ versæ sint.* » (L. 82, D. *Pro socio*). On a voulu en conclure que les associés étaient obligés envers les créanciers de leur coassocié, lorsque les dettes par lui contractées avaient tourné au profit de la société. Nous pensons que tel n'est pas le sens de cette loi, et qu'elle signifie simplement que les associés n'étaient tenus de contribuer aux dettes contractées par l'un d'eux, qu'autant qu'elles l'avaient été dans l'intérêt de la société. Mais, il y a plus, ce texte eût-il le sens qu'on lui donne, on ne pourrait en argumenter contre nous dans la question dont il s'agit. En effet, en admettant que le débiteur commun, envers qui l'un des créanciers solidaires a, à son tour, contracté une dette, eût le droit d'en demander le paiement aux coassociés de celui-ci, ce ne pouvait être, dans tous les cas, que par suite d'une action que le préteur lui aurait accordée *utilitatis causa* : car, n'ayant pas contracté avec les cocréanciers de son débiteur, il ne pouvait avoir contre eux aucune action directe. Dès lors comment aurait-il pu dire que celui d'entre eux qui lui demandait le paiement intégral de la créance solidaire, commettait un dol, ou demandait plus qu'il ne lui était dû, en ne défalquant pas de sa demande ce que son associé devait au débiteur commun ?

Nous déciderons de même pour le cas où les créanciers solidaires eussent été des *argentarii*, qu'ils fussent associés ou non, car les principes de la compensation sont les mêmes que dans le cas précédent, si ce n'est, qu'à l'égard des banquiers l'exception de dol n'était pas nécessaire, ils perdaient leur procès pour plus-pétition.

Toutefois nous pensons que, si les banquiers eussent été associés pour diriger une seule et même maison de banque, il n'en eût pas été ainsi, car alors la dette de l'un eût été la dette de l'autre, puisque les sommes reçues par l'un eussent été reçues par l'autre (L. 1, § 43, D. *Deposit.*).

Sous Justinien, la procédure extraordinaire ayant remplacé le système formulaire, et le magistrat, en qui se réunissaient le pouvoir juridique et le pouvoir judiciaire (*jus et judicium*), jugeant lui-même l'affaire en droit et en fait, il devait nécessairement entrer dans son office d'opérer, en condamnant le défendeur, la compensation de ce que lui devait le demandeur. C'est ce que comprit Justinien ; aussi décida-t-il que, dans toutes les actions, soit réelles, soit personnelles, soit de droit strict ou de bonne foi, à l'exception de la seule action de dépôt, la compensation aurait lieu de plein droit entre dettes également liquides, et qu'il entrerait dans l'office du juge d'estimer, selon l'équité, ce que les parties se devraient réciproquement, et de ne condamner le défendeur qu'au reliquat (1) (Inst. L. 4, t. VI, §§ 30 et 39. — L. 14, c. *de Compensat.*).

Sous ce système, pas plus que sous les autres, le débiteur ne pouvait opposer, au créancier solidaire qui le poursuivait, la compensation de ce que lui devait le cocréancier de celui-ci, puisqu'il n'était pas son débiteur. Mais le pouvait-il lorsque les créanciers solidaires étaient associés ? Nous ne le pensons pas, car dans sa Constitution Justinien recommande aux juges de ne pas admettre facilement la compensation, et de ne le faire qu'autant que les dettes respectives seraient bien liquides. Or une dette personnelle au créancier du demandeur, ne pouvait être considérée comme liquide à l'égard de ce dernier, qui pouvait dire au défendeur : « J'ignore si mon cocréancier vous doit réelle-

____

(1) Justinien, on le voit, a confondu en un seul les trois systèmes suivis avant lui ; mais il n'exige plus, comme cela avait lieu dans les actions de bonne foi, que le juge ne compense que les dettes provenant *ex eadem causa*. Le § 39 des *Institutes* le dit, il est vrai, mais la Constitution 14, c. *de Compensat.* n'en parle pas, et on doit croire que ces mots, *ex eadem causa*, se sont glissés là par suite de l'habitude.

» ment ce que vous voulez compenser avec votre dette,
» ou s'il n'aurait pas quelque exception à vous opposer ;
» votre créance contre lui n'est donc pas liquide à mon
» égard. »

C'est à tort qu'on prétendrait tirer, contre nous, un
argument d'analogie de la loi 10, D. *de duobus Reis*, car
le créancier, à qui l'un des débiteurs solidaires opposait
la compensation, du chef de son codébiteur, ne pouvait prétendre ignorer si sa dette envers celui-ci était
ou non liquide, et le débiteur qu'il actionnait pouvait
toujours lui dire : « Si la créance de mon codébiteur
» contre vous n'est pas liquide, ou si vous avez quel-
» que exception à lui opposer, prouvez-le. »

SECTION VII.

De la demande en justice et du jugement.

Quels étaient à Rome, à l'égard des créanciers solidaires, les effets soit de la demande en justice, dirigée par l'un d'eux contre le débiteur commun, soit
du jugement qui l'avait suivie ? Si l'on se place à l'é-
poque des actions de la loi, la réponse est facile ; la
créance solidaire se trouvait éteinte à l'égard de tous
les créanciers, soit par le jugement, soit par la demande en justice, car, sous ce système, une fois l'action intentée, toute instance ultérieure était refusée,
(Gai. Com. 4, § 108.)

Mais, si nous nous plaçons à l'époque du système
formulaire, la question est plus difficile à résoudre ; et,
pour l'élucider, et faire bien comprendre en quoi elle
peut donner lieu à contestation, il est nécessaire d'exposer d'abord quelques principes de la procédure formulaire : c'est ce que nous allons faire le plus briève-
ment qu'il nous sera possible.

Sous le système de la procédure formulaire, on distinguait les instances judiciaires en deux classes : les actions légitimes (*légitima judicia*), et les actions contenues dans le pouvoir du magistrat (*quæ imperio continentur.*) L'action était *légitime* lorsque l'instance avait été organisée à Rome, ou dans le rayon d'un mille autour de Rome, devant l'*unus judex* citoyen romain, et entre plaideurs, tous citoyens romains. Lorsqu'une de ces trois circonstances manquait, l'action était contenue dans l'*imperium* du magistrat. Il y avait cette différence entre ces deux sortes d'instances que les *legitima judicia* avaient, dans l'origine, comme les actions de la loi, une durée illimitée que la loi *Julia judiciaria* réduisit plus tard à dix huit mois ; tandis que les *judicia imperio continentia* n'avaient d'autre durée que celle du pouvoir du magistrat dont ils émanaient. (Gai Com. 4, §§ 103 à 106.)

Toute action, soit *légitime*, soit *imperio continens*, était réelle ou personnelle. L'action était réelle (*in rem*) lorsqu'elle avait pour objet la poursuite d'un droit réel, c'est-à-dire, d'un droit qui nous appartient indépendamment de toute obligation d'une tierce personne. En d'autres termes, l'action était réelle (*in rem*) quand le demandeur prétendait être propriétaire d'une chose quelconque, corporelle ou incorporelle (Gai. Com. 4, § 3). L'action était personnelle (*in personam*), lorsqu'elle avait pour objet la poursuite d'un droit personnel, par exemple lorsque le demandeur prétendait qu'une personne était obligée envers lui à une prestation quelconque (Gai. Com. 4, § 2). Dans ce système il ne peut être question d'actions mixtes, car il était impossible que la formule fût tout à la fois rédigée *in rem* et *in personam*, puisque le nom du défendeur ne peut à la fois être exprimé et omis dans l'*intentio*. Ce n'est que sous Justinien, alors que la procédure extraordinaire a remplacé le système des formules, que l'on peut trouver des actions mixtes, c'est-à-dire ayant pour objet un droit réel et un droit personnel. Telles étaient les trois actions *Familiæ erciscundæ*, *Finium regundorum* et *Communi dividundo*.

Au point de vue de la rédaction de la formule, les actions se divisaient encore en actions *in jus* et actions *in factum*. L'action était *in jus*, quand elle posait une question de propriété ou de droit civil, en un mot, quand elle avait une *intentio juris civilis* (Gai. Com. 4, § 45.) D'où il suit que toutes les actions *in rem* avaient une *intentio in jus*. L'action était *in factum* lorsque l'*intentio* de la formule posait, non une question de droit, mais une question de fait, que le juge devait vérifier. Cette *intentio* était suivie immédiatement dans la formule de l'ordre de condamner donné au juge par le préteur, pour le cas où le fait eût été vrai. (Gai. Com. 4, §§ 46 et 47.)

Toutefois il ne faut pas confondre avec l'action *in factum*, l'action appelée par le Droit romain *præscriptis verbis* ou *in factum præscriptis verbis*. Cette action avait, il est vrai, une *demonstratio in factum*, mais cette *demonstratio* était suivie d'une *intentio* de droit civil. Elle était en usage pour les contrats réels innommés. (Gai., Com. 4, § 47.)

51. A l'époque de la procédure formulaire on donnait le nom de *litis contestatio* à la clôture de la procédure *in jure*, c'est-à-dire devant le magistrat. La *litis contestatio* faisait naître entre les parties l'obligation de suivre le cours de l'instance, et par conséquent elle pouvait dans certains cas produire une novation qui éteignait le droit primitif, en vertu duquel l'action avait été intentée (Gai., Com. 3, § 180). C'est ce qui avait lieu lorsque l'action était *légitime*, *in personam*, et conçue *in jus*, parce qu'alors le droit primitif étant

fondé sur obligation civile, et cette obligation se trouvant novée par l'obligation civile résultant de la *litis contestatio*, le droit primitif était nécessairement éteint. Aussi Gaïus nous dit-il : « *Si legitimo judicio in perso-* » *nam actum sit, ea formula quæ juris civilis habet* » *intentionem, postea ipso jure de eadem re agi non po-* » *test.* » (Com. 4, § 107.) Mais il en était autrement si l'une de ces trois conditions venait à manquer. En effet, si l'action était *in rem*, le droit primitif étant un droit réel ne pouvait être nové par une obligation, car la novation est, dit Ulpien (L. 1, pr. D. *de Novat.*), le changement d'une ancienne obligation en une nouvelle. Si l'action était *in factum*, l'*intentio* n'énonçant qu'une question de fait, la novation était encore impossible, car un fait ne peut être nové. Enfin si elle n'était qu'un *judicium imperio continens*, ne tirant qu'une existence temporaire de l'autorité du magistrat, avec laquelle elle expirera, il ne s'opérait aucune novation, car il eût été très-injuste qu'une action aussi précaire pût détruire un droit permanent.

Dans tous ces cas le demandeur pouvait intenter une nouvelle action, lors même que le demandeur eût été condamné dans la première instance, car la condamnation ne pouvait nover que l'obligation d'être jugé, résultant de la *litis contestatio*, laquelle avait laissé subsister le droit primitif. Mais comme il eût été injuste que le défendeur pût intenter une nouvelle action, soit après que le préteur lui eut refusé la première, soit après la condamnation ou l'absolution du défendeur, celui-ci avait, pour repousser toute nouvelle demande en justice, l'exception *rei judicatæ* ou l'exception *rei in judicium deductæ*. (Gaï., C. 4, §§ 106 et 107.)

Ces principes posés, nous pouvons examiner quels devaient être, à l'époque de la procédure formulaire, les effets soit de la demande en justice faite par un des créanciers solidaires contre le débiteur commun, soit du jugement qui l'avait suivie.

Si l'action était légitime, personnelle, et conçue *in jus*, pas de difficulté; l'obligation primitive était éteinte par la *litis contestatio*, et par conséquent toute action subséquente était refusée non-seulement au créancier qui avait agi, mais encore à ses cocréanciers.

Mais si nous supposons que l'action était un *judicium imperio continens*, ou une action *in factum*, la question devient plus difficile à résoudre. En effet, si nous nous en référons uniquement aux principes de procédure que nous venons d'exposer, nous devons décider que, dans ce cas, les cocréanciers de celui qui avait intenté l'action, conservaient le droit de poursuivre le débiteur, même après sa condamnation; car, d'une part, la *litis contestatio* n'avait pas éteint la créance solidaire, et, d'autre part, l'exception *rei judicatœ* ou *rei in judicium deductœ* ne pouvait leur être opposée, puisque cette exception n'était opposable que quand le même procès se présentait de nouveau entre les mêmes personnes. « *Exceptio rei judicatœ obstat, quatenus inter easdem personas, eadem quœstio revocatur.* » (Ulp., L. 3 et 7, § 4, D. *de Except. rei judicat.*) Or, si, dans l'espèce, l'action intentée par les cocréanciers du premier poursuivant était la même que celle intentée par celui-ci, elle ne se représentait pas entre les mêmes personnes, puisque le demandeur n'était plus le même; par conséquent il n'y avait pas lieu à l'exception *rei judicatœ*. (L. 22, D. *de Except. rei judicat.*) D'où l'on pourrait conclure que les cocréanciers de celui qui avait agi conservaient le droit d'intenter l'action.

Cependant nous trouvons au Digeste des textes qui disent le contraire. Ainsi Javolenus nous dit que la demande d'un des cocréanciers solidaires éteint l'obligation du débiteur à l'égard de tous les autres créanciers. « *Petitione unius tota solvitur obligatio.* » (L. 2, D. *de duob. Reis.*). Venuleius reproduit le même principe : « *Et unum judicium totam rem in litem deducere.* » (L. 31, § 1, D. *de Novat.*)

Que signifient ces textes? Faut-il en conclure que les effets légaux de la *litis contestatio* avaient été modifiés en matière de solidarité? Non, car le principe posé dans ces textes n'est pas basé sur les effets de la *litis contestatio*, il est la conséquence de cet autre principe que, s'il était vrai qu'il y eût autant de créances que de *correi credendi*, il n'y avait cependant, pour toutes ces créances, qu'une seule action qui flottait indéterminément sur la tête de chacun des cocréanciers, et appartenait définitivement à celui qui avait agi le premier. C'est ce qui résulte du passage suivant de la loi 31, D. *de Novationibus*, qui explique celui que nous avons cité plus haut : « *Unumquemque perinde sibi (obligatio-* » *nem) acquisisse ac si solus stipulatus esset ; excepto eo,* » *quod etiam facto ejus, cum quo commune jus stipulan-* » *tis est, amittere debitorem potest.* » Aussi le jurisconsulte Paul nous dit-il : « *Inter eos quibus ex eadem causa* » *debetur, occupantis melior conditio est. Et inter eos* » *quibus ex simili causa pecunia debetur, occupantis* » *potior erit causa.* » (L. 19, D. *de Re judicat.*)

Ce principe, qu'il n'y avait qu'une seule et unique action pour tous les cocréanciers solidaires, avait des résultats très-importants, entre autres, celui d'obvier aux conséquences souvent fort injustes qu'aurait eues l'unique application en matière de solidarité des principes de la procédure formulaire. En effet, dans ce système, la condamnation du défendeur ayant pour objet non la chose due, mais une indemnité pécuniaire, l'obligation primitive qui n'avait pas été novée par la *litis contestatio* continuait de subsister malgré l'exécution de la condamnation par le débiteur. D'où il suit que, si on n'avait pas admis le principe de l'unité d'action pour tous les cocréanciers solidaires, le débiteur, après avoir exécuté la condamnation prononcée contre lui sur la poursuite du premier créancier agissant, aurait pu se voir successivement actionné par les autres, sans pouvoir repousser leur demande.

Toutefois nous devons observer qu'en ce qui touche le créancier qui avait intenté l'action, on s'en référait uniquement aux principes de la procédure formulaire sur les effets de la *litis contestatio*. Le principe qu'*une fois l'action intentée toute l'obligation est éteinte*, n'avait d'effet qu'à l'égard des cocréanciers de celui qui avait agi, car il n'y avait aucun motif de l'étendre à celui-ci, et de faire à son égard une exception aux règles de la procédure.

Sous Justinien la procédure extraordinaire a remplacé le système des formules; la *litis contestatio* n'est plus la clôture de la procédure *in jure*, c'est le commencement de l'audition des parties par le juge (L. 1, c. *de litis Contest.*); elle n'opère plus de novation (*Inst.* L. 4, t. 13, § 5), par conséquent il faut, dans ce système, appliquer à toutes les actions ce que nous avons dit à propos des actions *in factum*, ou des *judicia imperio continentia* du système formulaire.

SECTION VIII.

Du serment.

Le serment est une affirmation solennelle faite dans le but de prouver l'existence ou la non-existence d'un fait. C'est un mode expéditif de preuve qui est, suivant Gaïus (L. 1, D. *de Jurejur.*), le meilleur moyen de trancher les procès.

Le serment était à Rome *volontaire* ou *nécessaire*. Il

était *volontaire* quand il était librement déféré par une des parties à l'autre. Il était *nécessaire* quand il était imposé par le juge.

Le serment volontaire, qu'on pouvait aussi appeler serment conventionnel, était *judiciaire* ou *extrajudiciaire*. Il était *judiciaire* quand il avait lieu en présence du magistrat ou du juge, *in jure* ou *in judicio*. Il était *extrajudiciaire* quand il avait lieu en dehors de toute instance. Le serment *nécessaire* ne pouvait être que *judiciaire*.

Le serment conventionnel renfermait une transaction qui avait, selon Paul, plus d'autorité que la chose jugée (L. 2. D. *de Jurejur.*). Quant au serment ordonné par le juge ou le magistrat, ce n'était qu'un mode preuve d'après lequel celui-ci jugeait le procès. Au reste, que le serment fût conventionnel ou nécessaire, judiciaire ou extrajudiciaire, dès qu'il avait été prêté, ses effets étaient les mêmes. Si les parties étaient *in jure*, le serment prêté, soit devant le magistrat, soit en dehors de l'instance, pourvu qu'il fût avoué par les parties, donnait lieu soit à un refus d'action, s'il avait été prêté par le défendeur, soit au jugement de l'affaire *extra ordinem*, s'il avait été prêté par le demandeur (Ulp. L. 7 et 34, § 6. D. *de Jurejur.*) Si le fait de la prestation du serment était nié devant le préteur, celui-ci chargeait, par la formule, le juge de vérifier le fait ; d'où il suit qu'il y avait lieu à la concession soit d'une *action*, soit d'une *exception*, selon que c'était le demandeur ou le défendeur qui prétendait avoir prêté le serment (*Inst.* L. 4, t. 6, § 11. — Ulp. L. 9 pr. et § 1, D. *de Jurejur.*). Si les parties étaient *in judicio*, le serment prêté, soit devant le juge, soit en dehors de l'instance, amenait, soit l'absolution du défendeur s'il avait été prêté par celui-ci, soit sa condamnation s'il avait été prêté par le demandeur.

Si les effets de la prestation de serment étaient les mêmes, soit qu'elle eût eu lieu ou non en justice (*in jure* ou *in judicio*), il n'en était pas de même de la délation du serment : ses effets étaient différents suivant qu'elle avait eu lieu ou non en présence du magistrat, ou du juge. Lorsque la délation de serment avait lieu en justice (*in jure* ou *in judicio*), la partie à qui le serment était déféré par son adversaire devait le prêter ou le référer à celui-ci. Si elle ne le faisait, elle avouait implicitement son tort (L. 38, D. *de Jurejur.*), et son refus entraînait soit sa condamnation si elle était défenderesse, soit le rejet de ses prétentions si elle était demanderesse (L. 34, § 6, 7 et 9, D. *de Jurejur*). Toutefois la partie à qui le serment était déféré par son adversaire pouvait exiger que celui-ci, fût-il son patron ou son père, jurât d'abord *de calumnia* (L. 34, § 4, D. *de Jurejur.*), c'est-à-dire affirmât par serment qu'il était de bonne foi en le lui déférant (*Inst.* L. 4, t. 16, § 1.) Si celui-ci refusait de jurer ainsi de sa bonne foi, il était censé faire remise à son adversaire du serment qu'il lui avait déféré (Ulp. L. 37, D. *de Jurejur.*). Mais le demandeur à qui le défendeur référait le serment, ne pouvait exiger que celui-ci jurât d'abord *de caumnia*, car, dit Ulpien, le demandeur ne doit pas être écouté s'il exige que le défendeur jure de sa bonne foi à propos d'un serment que lui demandeur a proposé. (L. 34, § 7 *in fin.* D. *de Jurejur.*)

Si au contraire la délation du serment avait eu lieu en dehors de toute instance judiciaire, le refus de le prêter n'entraînait, pour la partie à qui il avait été déféré, ni condamnation ni refus d'action ; c'était, nous dit Ulpien, comme si la décision du litige n'avait jamais été soumise au serment (L. 5, § 4, D. *de Jurejur.*).

Une autre différence entre la délation de serment judiciaire, et la délation extrajudiciaire, c'est que le serment déféré extrajudiciairement ne pouvait être référé (L. 17, pr. D. *de Jurejur.*), tandis que le serment judiciaire le pouvait toujours, à moins qu'il n'eût été déféré par le juge.

Au serment prêté devait être assimilé le serment remis, car si celui à qui le serment était déféré s'était déclaré prêt à le prêter, et que son adversaire lui en eût fait grâce, le préteur refusait ou accordait l'action, selon que la remise avait été faite au défendeur ou au demandeur (L. 5, § 4; L. 6; L. 9 pr. et § 1, D. *de Jurejur.*).

Observons que le serment qui n'avait été déféré à celui qui l'invoquait, ni par son adversaire, ni par le magistrat ou le juge, était nul, et de nul effet (L. 3, pr. D. *de Jurejur.*). Il en était de même lorsqu'il n'avait pas été prêté dans les termes dans lesquels il avait été déféré (L. 3, § 4; L. 4; L. 5, pr. D. *de Jurejur.*).

Maintenant que nous connaissons les effets généraux du serment en droit romain, nous pouvons examiner quels étaient, à l'égard des cocréanciers solidaires de celui qui l'avait déféré, les effets du serment prêté par le débiteur relativement à l'extinction de sa dette, soit par le paiement, soit par tout autre moyen du droit civil. Nous n'avons pas à nous occuper à cet égard du serment judiciaire, puisque dès l'instant qu'un des créanciers solidaires avait intenté l'action, la dette était éteinte à l'égard des autres (L. 2, D. *de duob. Reis*).

Quant au serment extrajudiciaire, nous avons vu qu'il contenait une sorte de transaction qui avait même plus d'autorité que la chose jugée, et qu'il faisait preuve complète du fait sur lequel il était intervenu : par conséquent, dès que le débiteur avait juré qu'il avait payé, le fait du paiement était établi, la dette était éteinte et le préteur refusait l'action au demandeur (L. 7, D. *de Jurejur.*). Aussi Gaïus nous dit-il que le serment équivaut à un paiement (L. 27, D. *de Jurejur.*). En conséquence, dès l'instant que, sur la délation de serment que lui faisait un des créanciers solidaires, le débiteur avait juré avoir payé la dette, ou l'avoir éteinte par tout autre moyen du droit civil, la créance solidaire se trouvait complétement éteinte et il pouvait opposer ce serment à tous les créanciers : « *In duobus reis stipulandi, ab altero delatum jusjurandum etiam alteri nocebit.* » (Paul, L. 28 pr. *de Jurejur.*) Si donc le fait du serment était avoué devant le préteur, il refusait l'action non-seulement à celui des cocréanciers solidaires qui avait déféré le serment au débiteur, mais encore à tous les autres.

Si, au contraire, le créancier agissant niait que le serment eût été prêté par le débiteur, le préteur accordait l'action au créancier, mais il y insérait une exception en faveur du débiteur qui, par ce moyen, évitait d'être condamné en prouvant devant le juge qu'il avait prêté le serment. « *Nam postquam juratum est* » *denegatur actio : aut si controversia erit, id est si* » *ambigitur an jusjurandum datum sit, exceptioni locus* » *est.* » (L. 9, pr. D. *de Jurejur.*) Il en était de même lorsque le débiteur avait fait remise du serment au créancier qui se préparait à le prêter. (L. 9, § 1, D. *Jurejur.*)

Mais si l'un des créanciers avait déféré le serment au débiteur, non sur l'extinction de la dette mais sur son existence, par exemple si le débiteur s'était borné à jurer qu'il ne lui devait rien, ce serment ne nuisait en rien aux autres cocréanciers solidaires, car le serment était ici une sorte de transaction qui était assimilée à un jugement (L. 56, *de Re judicat.*), et qui, à l'égard des tiers, ne pouvait avoir plus d'effet. Or les transactions, pas plus que les jugements, ne nuisaient à ceux qui n'y avaient pas été parties, (L. 10, D. *de Except.* — L. 1, *de Except. rei judic.* — L. 1 et 2, C. *inter alios acta.*) Toutefois il en eût été autrement si le créancier

qui avait déféré le serment au débiteur, eût été le mandataire général (*procurator universorum bonorum*) de ses
cocréanciers, ou leur procureur muni d'un mandat spécial. (L. 17, § 3, D. *Jurejur.*)

Jusqu'ici nous avons supposé que le serment avait
été déféré au débiteur; que fût-il arrivé si c'eût été, au
contraire, l'un des cocréanciers solidaires qui eût juré de
l'existence de la dette sur la délation de serment à lui
faite par le débiteur? Ce serment eût-il profité à ses
cocréanciers? Nous ne le pensons pas, car ce serment
pouvait bien prouver que le débiteur devait à celui qui
l'avait prêté, mais il ne prouvait pas qu'il dût à ceux
qui se prétendaient les cocréanciers de celui-ci. Toutefois nous pensons qu'il en eût été autrement si le débiteur avait déféré le serment au créancier sur l'existence
de la dette, tant à son égard qu'à l'égard de ceux qui
se prétendaient ses cocréanciers. Quant au serment déféré par le débiteur à l'un des créanciers solidaires sur
la non-extinction de la dette, il devait évidemment profiter aux autres, car dès l'instant que la créance solidaire n'était pas éteinte, elle subsistait au profit de tous
les cocréanciers solidaires; néanmoins il ne faudrait
pas donner un sens trop étendu à ce que nous venons
de dire. Ainsi il n'est pas douteux que si l'un des créanciers avait juré n'avoir pas reçu un paiement que le débiteur prétendait lui avoir fait, ce serment n'aurait pas
fait obstacle à ce que le débiteur pût alléguer avoir
payé à un des autres créanciers solidaires.

SECTION IX.

Du compromis.

Le compromis était une convention par laquelle
deux ou plusieurs personnes convenaient de remettre

la décision d'un litige à un ou plusieurs arbitres désignés par elles dans la convention (L. 17, § 5, D. *de
Recept.*),et se promettaient réciproquement, à titre de
peine, pour le cas où elles contreviendraient à la sentence de l'arbitre, soit une somme d'argent, soit des
objets en nature (L. 11, § 2, *de Recept.*), soit même
une somme indéterminée (L. 28, D. *de Recept.*). De là
l'expression de *pœna compromissa* et le nom de compromis (*compromissum*) donné à la convention.

Cette convention n'avait par elle-même aucune force,
et la sentence de l'arbitre n'en avait pas davantage ;
mais la peine que les parties avaient stipulée l'une de
l'autre, était encourue par celle qui refusait de se présenter devant l'arbitre ou d'obéir à sa sentence (Ulp.
L. 27, § 4, D. *de Recept.*) Aussi Ulpien nous dit-il : « *Ex
» compromisso placet exceptionem non nasci sed pœnæ
» petitionem.* » (L. 2, D. *de Recept.*)

Cependant il arrivait quelquefois que les parties,
au lieu de stipuler une peine, se promettaient par stipulation d'acquiescer à la sentence de l'arbitre. Dans
ce cas, si l'une d'elles y contrevenait, l'autre avait
contre elle une action *incerti*, au moyen de laquelle elle
obtenait, contre son adversaire, une condamnation proportionnée à l'intérêt qu'elle avait à ce que la sentence
de l'arbitre fût exécutée. (Ulp. L. 27, § *de Recept.* et
L. 3, D. *Si quis in jus.*)

On voit, par ce qui précède, que le compromis n'avait de force que par suite de la stipulation qui l'accompagnait ; il ne pouvait donc pas donner lieu à l'action *Judicati* (L. 1 et 2, c. *de Recept.*), ni éteindre les
droits ou obligations qui faisaient l'objet du litige (Pl.
L. 30, D. *de Recept.*) Dès lors on conçoit qu'il ne pouvait avoir d'effet qu'à l'égard des parties entre lesquelles il avait eu lieu. Par conséquent le compromis,
qui était intervenu entre le débiteur et l'un des créanciers

solidaires, ne pouvait être opposé par le débiteur aux cocréanciers de celui-ci, et si l'un d'eux contrevenait à la sentence de l'arbitre, la peine ne pouvait être encourue, ni par lui ni par celui qui avait compromis.

Toutefois, nous devons faire à cet égard une exception, pour le cas où les créanciers solidaires étaient associés; car alors si l'un d'eux exigeait le paiement du débiteur, contrairement à la sentence de l'arbitre, la peine promise était encourue par le créancier qui avait compromis. (L. 34, D. *de Recept.*) Le motif de cette décision, c'est que par suite de la société qui existait entre les cocréanciers solidaires, celui qui avait compromis, profitant du paiement que le débiteur avait été forcé de faire contrairement à la sentence de l'arbitre, il en résultait qu'il était censé, par la force des choses, avoir demandé le paiement au débiteur.

Les principes que nous venons d'exposer furent abrogés par Justinien. Il décida que s'il était établi, soit par des pièces écrites de la main des parties, ou rédigées par des officiers publics, soit par la déclaration des parties en présence de l'arbitre, que les parties, avant de l'élire, avaient juré d'exécuter sa sentence; que si d'un autre côté l'arbitre avait prêté serment de juger selon la vérité, sa sentence serait obligatoire pour les parties et donnerait lieu, soit à une action *in factum*, soit à la condiction *ex lege*, soit à une action *utile in rem.* Il en était de même s'il était établi par écrit, que les parties après la sentence y avaient adhéré et avaient juré de l'exécuter; ou si elles avaient écrit au bas de l'*instrumentum* qui constatait la sentence, qu'elles y adhéraient. (L. 4 et 5, c. *de Recept.*)

Lorsque le compromis survenu entre l'un des créanciers solidaires et le débiteur, avait eu lieu dans les formes indiquées par les Constitutions de Justinien, pouvait-il être opposé aux cocréanciers de celui qui l'avait fait? Nous ne le pensons pas, car il résulte de la Loi 5, c. 6 *de Receptis* que, même dans ce cas, le compromis ne donnait au débiteur que l'exception *pacti conventi*; l'action qui pouvait en résulter n'appartenant qu'au demandeur; d'où il suit, que le compromis n'avait pas pour effet de nover l'ancienne obligation. C'est ce que prouve encore la loi 8, c. *de Novationibus*. Dans cette constitution Justinien exige, pour qu'il y ait novation, que les parties s'en soient formellement expliquées.

Cette nouvelle législation créée par Justinien en matière de compromis, fut abrogée par lui. Dans la Novelle 82, chap. 11, il revint à l'ancien droit en ce qui touche la constitution de l'arbitre et ses effets. Il décida que l'arbitre serait constitué par compromis accompagné de la stipulation d'une peine, moyennant la prestation de laquelle les parties seraient libres de ne pas obéir à la sentence de l'arbitre.

SECTION X.

De la transaction.

La transaction intervenue entre l'un des créanciers solidaires et le débiteur était-elle opposable aux autres? Il faut, pour répondre à cette question, examiner dans quelles formes la transaction avait eu lieu.

La transaction est une convention par laquelle deux ou plusieurs personnes terminent un différend, en abandonnant chacune une partie de leurs prétentions. Elle pouvait avoir lieu à Rome de plusieurs manières; soit au moyen de stipulations, soit par simple pacte. Dans ce dernier cas, elle n'était obligatoire que quand elle avait reçu un commencement d'exécution de la part de l'une des parties, auquel cas elle se rangeait parmi les contrats innomés, et donnait lieu à l'action *præscriptis verbis*, au moyen de laquelle la partie qui avait exécuté la transaction obtenait une indemnité proportionnée à l'intérêt qu'elle avait à ce que son adversaire exécutât ce dont on était convenu. « *Quanti interest de quo convenit accipere.* » (L. 5, § 1, D. *præscriptis verbis*.)

Nous aurons donc à distinguer, pour la solution de la question posée ci-dessus, le cas où la transaction avait eu lieu par obligation ; de celui où elle avait été faite par simple pacte, et enfin celui où ce pacte avait reçu un commencement d'exécution.

Lorsque la transaction avait eu lieu par l'emploi des formes, soit de la stipulation ordinaire, lorsque l'obligation sur laquelle on transigeait provenait d'un contrat *verbis*, soit de la stipulation Aquilienne, quand cette stipulation provenait de tout autre contrat, le débiteur pouvait l'opposer à tous les créanciers solidaires, car la stipulation qui était intervenue entre lui et l'un d'eux, avait eu pour effet de nover, et par conséquent d'éteindre son obligation (L. 4, D. *de Transact.*)

Si la transaction avait été faite par simple pacte, il est évident qu'elle ne pouvait être opposée qu'à celui des créanciers qui l'avait faite, et seulement au moyen d'une exception : d'où la conséquence que si elle lui imposait des obligations, elle était de nul effet à cet égard, car la transaction, quand elle ne constituait qu'un pacte, ne pouvait produire aucune action (L. 7, § 4, D. *de Pactis* et L. 38, c. *de Transact.*)

Si la transaction faite par simple pacte avait reçu un commencement d'exécution de la part du débiteur, celui-ci avait, il est vrai, une action *præscriptis verbis* pour se faire indemniser, et au moyen de laquelle il obtenait *quanti interesset* ; mais il est à remarquer que cette action était la conséquence non de la transaction, mais du contrat réel résultant de son exécution partielle. Elle n'avait pas pour effet de forcer l'autre partie à l'exécution de la transaction, mais seulement d'obtenir une indemnité; car le contrat réel qui avait eu lieu ne pouvait nover l'obligation primitive, puisque la novation ne pouvait résulter que d'un contrat *verbis* ou *litteris* (L. 1, § 1, D. *de Novat.*) Par conséquent, l'action *præscriptis verbis* ne pouvait être intentée que contre le créancier qui avait transigé; et à l'égard des autres la transaction restait à l'état de simple pacte, et ne pouvait leur être opposée : « *Privatis pactionibus non dubium est non lædi jus cæterorum.* » (L. 3, D. *de Transact.*)

Ces principes devaient s'appliquer lors même que les cocréanciers solidaires étaient associés; car la société qui existait entre les créanciers ne pouvait avoir d'effet à l'égard des tiers. Les sociétés à Rome n'étaient pas, comme chez nous, des personnes morales; et celui qui contractait avec un des associés, n'était pas censé contracter avec les autres. Par conséquent, le débiteur, en transigeant avec un des créanciers solidaires associés, n'était pas censé transiger avec les autres. Toutefois, si le créancier qui avait transigé, avait reçu des autres un mandat spécial à cet effet, la transaction leur eût été opposable. Mais il n'en eût pas été ainsi dans le cas où il n'aurait eu qu'un mandat général d'administrer les affaires de ses cocréanciers (L. 60 et 63, D. *de Procurat.*)

SECTION XI.

De la perte de la chose due. — De la demeure.

Dans les obligations ayant pour objet un corps certain et déterminé individuellement, tel que l'esclave Stychus, par exemple; la perte de la chose due, arrivée par cas fortuit, était à la charge du créancier ; mais il en était autrement si la chose avait péri par la faute du débiteur, ou après la mise en demeure de celui-ci (L. 107, D. *de Solut.* ; 23 et 33 *de Verb. ob.*), à moins qu'il ne fût établi dans ce dernier cas qu'elle eût péri également chez le créancier (L. 14, § 1, D. *Deposit.*)

Quant aux obligations de choses *in genere*, telles que celle qui aurait pour objet un cheval indéterminé, ces principes leur étaient inapplicables ; car l'objet de l'obligation, étant indéterminé, ne pouvait périr. Si, cependant, la chose objet de l'obligation, bien qu'individuellement indéterminée, appartenait à un genre limité, on appliquait les principes exposés ci-dessus en cas de perte de la totalité des objets dont faisait partie la chose due. C'est ainsi que si j'avais promis un des tonneaux de vin qui sont dans ma cave, et que tout le vin de ma cave eût péri sans ma faute, j'aurais été libéré envers le créancier.

En ce qui concerne la solidarité active, nous n'avons à nous occuper de la perte de la chose que lorsqu'elle est survenue après la mise en demeure du débiteur par l'un des créanciers ; car il est bien évident que la perte, par cas fortuit, arrivée avant la mise en demeure du débiteur, le libère à l'égard de tous les créanciers.

Quant à la perte survenue par la faute du débiteur, il est incontestable qu'elle ne le libérait envers aucun des créanciers, en ce sens qu'il était tenu envers tous de la dette de dommages-intérêts qui avait remplacé son obligation primitive. En effet, le créancier qui actionnait le débiteur pouvait lui dire : Si vous n'aviez pas fait périr la chose due, vous pourriez aujourd'hui exécuter votre obligation et me la livrer. Vous vous êtes mis dans l'impossibilité de pouvoir le faire, vous devez m'indemniser du préjudice que votre faute me cause.

Mais lorsque la chose avait péri par cas fortuit, après que l'un des créanciers solidaires avait mis le débiteur en demeure, celui-ci était-il tenu des dommages et intérêts envers tous les créanciers ? Cette question se réduit à cette autre : La mise en demeure du débiteur commun, par l'un des cocréanciers solidaires, profitait-elle à tous les autres ? C'est ce que nous allons examiner.

La demeure (*mora*) est le retard qu'apporte, contrairement aux règles du droit, soit le débiteur dans le paiement de sa dette, soit le créancier dans la réception de ce qui lui est dû. La demeure peut donc avoir lieu tant de la part du créancier que du débiteur. Le débiteur était en demeure par la seule échéance du terme, lorsque la dette était à échéance fixe. (L. 4, D. *de Condict. trit.*). Dans ce cas, les jurisconsultes disaient que la demeure avait lieu *ex re* (L. 37 pr. *de Usuris*). On trouve encore les expressions *in re* et *in rem* (L. 23, § 1, *de Usuris.* — 26, § 1, *de Fid. libert.*). Le débiteur était toujours en demeure, et sans qu'il fût besoin d'aucune interpellation, quand la dette avait pour objet une restitution à faire par suite d'une possession de mauvaise foi (L. 8, § 1, D. *de Condict. furt.*) Dans tous les autres cas, le débiteur n'était en demeure que par une interpellation ; c'est-à-dire par une sommation de payer, émanée du créancier, et alors la demeure avait lieu *ex persona* (L. 32. pr. *de Usuris*).

La demeure du débiteur avait pour effet de mettre, comme nous l'avons dit, les risques de la chose due à sa charge, et de faire courir contre lui les intérêts moratoires (L. 32, § 2. — L. 34 et 35, D. *de Usuris*). Celle du créancier avait pour effet de suspendre le cours des intérêts (L. 7, D. *de Usuris*), et de mettre à sa charge les risques de la chose, lorsque ces risques étaient originairement à la charge du débiteur ; soit par suite de con-

ventions particulières, soit par suite du contrat où de
la chose due. (L. 7, D. *de Usuris*, et 5, D. *de Peric.
rei vend.*)

Ceci posé, nous allons examiner si l'interpellation
faite au débiteur par l'un des créanciers solidaires, le
mettait en demeure à l'égard de tous.

D'après les principes énoncés dans la *Constitution* 5,
Cod. de duobus Reis, sur laquelle nous reviendrons dans
la section suivante, on serait tenté de décider la question affirmativement. Mais il faut remarquer que cette
constitution de Justinien est basée, non sur les principes
du droit en matière de solidarité, mais sur des considé-
rations d'équité; elle ne peut donc servir de base à la
solution d'une question qu'à défaut de texte précis
nous devons décider d'après les principes. Or, chacun
des créanciers solidaires étant censé seul maître de la
créance, et étant complétement indépendant des autres,
les actes qu'il pouvait faire ne regardaient que lui seul ;
il s'ensuit que, dans tous les cas où la demeure du débiteur ne résultait que de l'interpellation du créancier,
le débiteur n'était en demeure qu'à l'égard de celui des
créanciers qui l'avait inte. pellé. Peut-être dira-t-on
qu'il n'y a qu'une seule dette dans le contrat corréal actif, et que, dès lors que les risques de la chose due étaient
tombés à la charge du débiteur, tous les créanciers devaient en être déchargés. Ce raisonnement serait inexact;
car, s'il est vrai qu'il n'y avait qu'une dette, il y avait
par contre autant de créances que de créanciers, et le
débiteur pouvait dire aux cocréanciers de celui qui l'a-
vait interpellé : « La dette que j'avais contractée envers
» vous a été éteinte par la perte de la chose qui en était
» l'objet, et vous ne pouvez m'en réclamer la valeur,
» puisque je n'ai jamais été en demeure à votre égard. »
D'ailleurs, si la mise en demeure du débiteur avait eu
lieu par une demande en justice, il est évident que les

cocréanciers de celui qui avait agi, n'auraient pu (au moins avant *Justinien* et la Const. 5, c. *de duob. Reis*), invoquer, contre le débiteur, la mise en demeure faite par leur cocréancier (L. 2 et 16, D. *de duob. Reis*). Semblablement, les intérêts moratoires ne couraient qu'au profit de celui des créanciers solidaires qui avait mis le débiteur en demeure.

Ces principes auraient reçu leur application lors même que les cocréanciers solidaires eussent été associés ; car, comme nous l'avons déjà expliqué, l'association qui existait entre les cocréanciers ne changeait pas leurs rapports avec le débiteur, à l'égard de qui elle était *res inter alios acta.* Toutefois, dans ce cas, les cocréanciers de celui qui avait mis le débiteur en demeure, profitaient indirectement de l'indemnité, ou des intérêts moratoires que celui-ci avait obtenus du débiteur.

Quant à la demeure qui résultait de la seule échéance du terme, il n'est pas douteux qu'elle pouvait être invoquée par tous les cocréanciers.

Voyons maintenant quels étaient les effets de la demeure d'un des cocréanciers.

Les créanciers étaient en demeure à Rome, soit par l'échéance de la dette lorsqu'ils devaient prendre livraison à jour fixe, soit, dans le cas contraire, par la sommation de venir prendre livraison, ou les offres de paiement suivies de la consignation du prix (L. 4, § 2, D. *de Peric. rei vend.* — L. 1, § 3, et L. 7, D. *de Usuris*). Dans le premier cas, si toutes les créances étaient à la même échéance, tous les cocréanciers solidaires se trouvaient en demeure en même temps, et par conséquent la question ne pouvait se présenter. Si toutefois, certaines créances étaient pures et simples, et les autres à terme ou conditionnelles, il est clair que ceux-là seuls étaient en demeure, dont les créances étaient échues.

Dans le second cas, celui-là seul était en demeure, à

qui le débiteur avait fait sommation de prendre livraison. Mais cette mise en demeure d'un des créanciers nuisait-elle aux autres? Oui ; car, selon Marcellus, les offres de paiement équivalent au paiement lui-même : « *Quare pro soluto id, in quo creditor accipiendo moram fecit, oportet esse.* » (L. 72 pr. D. *de Solution.*) Par conséquent, si la chose ou la somme que le débiteur avait offerte à l'un des créanciers solidaires, avait péri, il était libéré à l'égard de tous les autres. Tel est aussi l'avis de Vinnius.

SECTION XII.

De la prescription.

Dans l'ancien Droit romain la prescription libératoire n'était pas connue ; et, à l'époque du système formulaire, il fallait distinguer soigneusement entre la durée de l'action une fois organisée par la délivrance de la formule, et la durée de l'action à intenter, c'est-à-dire du laps de temps pendant lequel on pouvait demander l'action. Sous ce dernier rapport, on divisait les actions en actions perpétuelles dont la durée était illimitée, et en actions temporaires qui ne duraient qu'un an. Étaient perpétuelles les actions civiles, c'est-à-dire les actions fondées sur une loi, un sénatus-consulte ou une constitution. Étaient temporaires les actions prétoriennes (*Inst.* L. 4, t. 12, pr.)

Il y avait, toutefois, quelques exceptions à cette règle : ainsi l'action contre les *sponsores* et les *fidepromissores*, et l'action de *lege Julia repetundarum*, quoique civiles, ne duraient, la première que deux ans (Gai. Com. III, § 121), et la seconde qu'un an (L. 2, D. *de lege Julia*), contre les héritiers du magistrat prévaricateur ; et, parmi les actions prétoriennes, l'action *furti manifesti* et les autres actions persécutoires de la chose étaient perpétuelles (L. 35, D. *de Oblig. et Act.*).

Ce fut dans le Bas-Empire qu'une constitution d'Honorius et Théodose introduisit la prescription de trente ans pour les actions perpétuelles. « *Sicut in rem spe-* » *ciales, ita de universalitate, ac personales actiones ul-* » *tra triginta annorum spatium, minime protendan-* » *tur : sed si qua res, vel jus aliquod postuletur, vel* » *persona qualiscunque actione vel persecutione pulsetur,* » *nihilhominus erit agenti triginta annorum præscrip-* » *tio metuenda.* » (L. 3, c. *de Præscript.*) Cette prescription fut étendue à quarante ans pour certaines actions parmi lesquelles figurait l'action hypothécaire, lorsque l'objet de l'hypothèque était resté dans les mains du débiteur.

Les trente ans nécessaires pour la prescription comptaient, d'après la constitution que nous venons de citer, du jour où l'obligation avait pris naissance. Quant aux obligations ayant pour objet des prestations périodiques, il y avait, d'après une constitution de Justin, autant de prescriptions que de prestations à faire, et les trente ans couraient, pour chacune d'elles, du commencement de chaque période. « *In his etiam promissioni-* » *bus, vel legatis, vel obligationibus quæ dationem per* » *singulos annos, vel menses aut aliquod singulare tem-* » *pus continent, tempora memoratarum præscriptionum,* » *non ab exordio talis obligationis, sed ab initio cujus-* » *que anni, vel mensis, vel alterius singularis temporis* » *computari manifestum est.* » (L. 7, § 6, c. *de Præs-* cript. long.*).

Pour les obligations conditionnelles ou à terme, la prescription courait, d'après une constitution de Justinien (L. 7, § 4, *de Præscript. trigint.*), du jour de la réalisation de la condition ou de l'échéance du terme.

La prescription de trente ou quarante ans était interrompue par une citation en justice (*ex libello admo-*

nitio) dirigée contre le débiteur, ou par la reconnaissance de la dette faite par celui-ci.

Ces principes exposés, nous avons à nous demander si l'interpellation faite par l'un des créanciers solidaires, ou la reconnaissance de la dette faite à son profit par le débiteur, interrompait la prescription au profit des autres ?

Dans la rigueur des principes, la question devrait être résolue affirmativement ; car la conservation de la créance d'un des créanciers, ne devrait pas empêcher la prescription de celle de l'autre, puisque les créanciers solidaires étaient, en principe, isolés et indépendants les uns des autres. Toutefois, par un motif d'équité, tiré de ce que, dans ce cas, il y a unité de dette et de contrat, Justinien décide formellement le contraire : « San » cimusque *in omnibus casibus quos noster sermo com* » *plexus est, aliorum devotionem, vel agnitionem, vel* » *ex libello admonitionem aliis prodesse creditoribus.* » (L. 5, c., *de duob. Reis.*) Cette constitution nous paraît prouver, en outre, que sous Justinien la demande d'un des créanciers solidaires n'éteignait pas la dette à l'égard des autres.

CHAPITRE II.

Comment s'établissait la solidarité active.

La solidarité entre plusieurs créanciers s'établissait le plus souvent au moyen de la stipulation : de là, l'expression de *correi stipulandi* pour désigner les cocréanciers solidaires, quel que fût le contrat qui eût donné lieu à la créance solidaire.

Pour qu'il y eût solidarité entre les costipulants, il

fallait, nous disent les Instituts, qu'après les interrogations successives de tous les stipulants, intervînt la
réponse générale du promettant : « *Utrique vestrum*
» *spondeo*. » Si le débiteur avait répondu d'abord à l'interrogation de l'un, puis à celle de l'autre, et ainsi de
suite, il y aurait eu autant d'obligations distinctes que
d'interrogations et de réponses séparées. (*Instit.*, L. 3,
t. XVI pr.)

Toutefois, il y a lieu de croire que les jurisconsultes
romains étaient divisés à cet égard ; car nous trouvons
au Digeste un texte (la loi 3, § 1, D. *de duob. Reis*) d'où
il semble résulter que, dans l'opinion d'Ulpien, il fallait
s'attacher plutôt à l'intention des parties, qu'aux formes
dans lesquelles avait eu lieu la stipulation. Ce fragment n'a trait, il est vrai, qu'à la solidarité passive,
mais nous ne voyons aucune raison de ne pas le généraliser. Quoi qu'il en soit, il est à remarquer que le
principium du titre 16ᵉ des Instituts cadre assez mal
avec la constitution de l'empereur Léon, qui abolit, en
469, la solennité des paroles ; c'est ce qui nous fait penser qu'il est un vestige d'une opinion contraire à celle
d'Ulpien. Cependant, l'emploi rigoureux des formes
peut, jusqu'à un certain point, s'expliquer ici comme un
moyen de constater l'intention des parties, intention
dont Justinien finit par exiger la mention expresse, par
la Novelle 99, ch. 1ᵉʳ.

Mais, en admettant qu'avant Justinien on dût, en
cette matière, s'attacher plutôt à l'intention des parties
qu'aux formes de la stipulation, il est incontestable
qu'il fallait que cette intention fût bien démontrée pour
que la solidarité pût résulter du contrat : c'est ce que
prouve le § 1 de la loi 11, D. *de duobus Reis*. Dans ce
texte, Papinien nous dit que si un écrit constate simplement que tel et tel ont stipulé cent sous d'or, sans
ajouter que la stipulation a été faite de manière à créer

deux cocréanciers solidaires, il n'est dû à chacun d'eux qu'une part virile.

Quelques commentateurs ont argumenté de ce texte, pour soutenir que la solidarité ne pouvait résulter d'un contrat, qu'autant que les parties s'en étaient formellement expliquées; mais il est facile de voir, par les termes mêmes de la loi que nous venons de citer, que Papinien ne dit rien de semblable. Ce qui le prouve encore, c'est la Novelle 99 dans laquelle Justinien exige, comme nous venons de le dire, que la solidarité soit mentionnée expressément dans le contrat. Or, il est clair que si le principe de la nécessité d'une mention expresse de la solidarité eût été en vigueur dès le temps de Papinien, Justinien n'eût pas eu besoin de faire une loi pour l'établir. La Novelle ne parle, il est vrai, que des costipulants; mais Papinien, dans le fragment cité plus haut, parlant tout à la fois des copromettants et des costipulants, ce texte ne peut prouver plus à l'égard des uns que des autres.

Nous avons dit que, dans la constitution de la corréalité entre créanciers, il ne fallait pas s'attacher rigoureusement aux questions de formes; il ne faudrait pas cependant pousser ce principe trop loin. Ainsi, par exemple, si le débiteur, interrogé par deux costipulants n'avait répondu qu'à l'interrogation d'un seul, il est évident qu'il n'y aurait pas eu de corréalité entre les stipulants, et qu'il n'eût été obligé qu'envers celui à qui il aurait répondu. (L. 6, § 2, D. *de duob. Reis*.)

Il n'y aurait pas eu non plus de corréalité entre les stipulants, si toutes leurs interrogations ou celle de l'un d'eux avaient eu lieu un jour, et la réponse du débiteur un autre jour. Il en eût été de même si, après avoir interrogé le débiteur, chacun des stipulants, ou l'un d'eux, s'était occupé d'autres affaires, bien que le débiteur eût répondu après leur achèvement. (L. 12 pr.

D. *de duob. Reis.*) Toutefois, si l'intervalle qui avait existé, soit entre les interrogations seules, soit entre les interrogations et la réponse, n'était pas considérable, et si les actes auxquels avait diverti soit une des parties, soit plusieurs d'entre elles, n'avaient rien de contraire à la nature du contrat, il n'en eût pas été moins valable, et n'en eût pas moins donné lieu à la corréalité. « *Modicum tamen intervallum temporis, item modicus* » *actus, qui modo contrarius obligationi non sit, nihil* » *impedit, quominus duo rei sint.* » (*Jul.* L. 6, § 2, D. *de duob. Reis.*)

Pour qu'il y eût solidarité entre plusieurs stipulants, il fallait que l'objet des différentes stipulations fût identiquement le même. Si la chose promise par le débiteur variait pour chacun des stipulants, et devait être considérée par rapport à sa personne, il n'y avait pas entre eux de corréalité (L. 15, D. *de duob. Reis*). Si, par exemple, Titius et Seius avaient stipulé l'usufruit d'un même fonds, ils n'eussent pas été *correi stipulandi,* car l'objet de la créance n'eût pas été le même pour l'un et pour l'autre, puisque l'usufruit, devant finir pour chacun d'eux par sa mort, ou sa *capitis diminutio* grande ou moyenne (L. 1 et 3, § 3, D. *Quib. mod. ususfr. amit.*), sa durée, et partant sa valeur, étaient différentes pour chacun d'eux; en sorte que l'usufruit promis à l'un n'était pas l'usufruit promis à l'autre.

De même, si Titius et Seius avaient stipulé une même somme à titre de dot, il n'y aurait pas eu entre eux de corréalité. En effet, comme il était impossible qu'ils eussent la même femme, il s'ensuivait que la dot stipulée par l'un, n'était pas la même que celle stipulée par l'autre, puisqu'elle ne s'appliquait pas à la même femme (1).

(1) On peut encore expliquer autrement que nous ne le faisons

Mais si Titius et Seius avaient stipulé *dix*, ou l'esclave Stichus qui appartenait déjà à l'un d'eux, Titius, auraient-ils été corrés? Non, suivant Julien, car l'objet de la créance n'eût pas été le même pour tous deux, puisqu'il n'eût été dû que *dix* à Titius, qui n'avait pu stipuler valablement un esclave qui lui appartenait déjà (L. 21, § 1, et L. 82, D. *de verb. Ob.*), tandis qu'à l'égard de Seius, l'obligation du débiteur eût été alternative. Par conséquent, le débiteur en livrant soit Stichus à Seius, soit les *dix* à Titius, n'eût pas été libéré envers l'autre stipulant. Mais Gaius n'était pas entièrement de cet avis; il faisait une exception pour le cas où le débiteur aurait d'abord donné les *dix* à l'un ou à l'autre : dans ce cas, suivant lui, le débiteur eût été libéré envers les deux costipulants (L. 15, D. *de duob. Reis*). Cette décision s'explique si l'on considère que l'obligation alternative n'a en réalité qu'un objet (L. 112, pr. D. *de verb. Ob.*). Quand je dis : *Promettez-vous dix ou Stichus?* c'est comme si je disais : *Promettez-vous Stichus pour le cas où vous ne donneriez pas les dix?* C'est le choix du débiteur qui détermine ici l'objet de l'obligation. Or, dans l'hypothèse supposée par Gaius, ce sont les *dix* qui, par suite du choix de Seius, se fussent trouvés être l'objet de sa créance, en sorte que la stipulation n'aurait eu, en réalité, qu'un même objet à l'égard de Seius et Titius, qui dès lors eussent été corrés. D'ailleurs, on peut dans l'espèce, considérer l'es-

ici les deux exemples proposés par Gaius dans la loi 15 D. *de duobus Reis*. Ainsi, Pothier suppose qu'il s'agit ici de l'usufruit d'un fonds dont l'un des costipulants est nu-propriétaire, et qu'il se l'est fait céder par l'usufruitier, de sorte que lui seul a stipulé valablement, puisque l'usufruitier ne peut céder l'usufruit qu'au nu-propriétaire. (*Inst.* L. 2, t. IV, § 3.)

À l'égard de la stipulation de dot, on peut encore supposer, avec Brunneman, qu'un seul des stipulants était marié, de sorte que lui seul a stipulé valablement une dot.

clave Stichus comme n'ayant été, à l'égard de Seius, que *in facultate solutionis*, le véritable objet de la stipulation de Seius étant les *dix*.

Nous avons dit que pour qu'il y eût solidarité entre plusieurs costipulants, il fallait que leurs stipulations eussent le même objet, et que la créance de l'un ne fût pas plus étendue que celle de l'autre ; mais rien ne s'opposait, pensons-nous, à ce que la créance de l'un fût à terme ou conditionnelle, tandis que celle de l'autre était pure et simple, ni à ce que l'un reçût un fidéjusseur du débiteur, tandis que l'autre n'en recevait pas. Nous nous fondons, pour le décider ainsi, sur la loi 7 D. *de duobus Reis*, et sur le § 1 de la loi 6 du même titre. Ces deux textes, il est vrai, ne parlent que des copromettants, mais nous ne voyons pas de raison pour ne pas étendre leurs dispositions aux costipulants.

Deux stipulations, quoiqu'ayant un seul et même objet, et réunissant les conditions de forme nécessaires, pouvaient cependant ne pas produire de corréalité entre leurs auteurs. C'est ce qui serait arrivé si elles avaient été nulles eu égard à la nature de leur objet : par exemple, si les costipulants s'étaient fait promettre le fait d'autrui. (L. 38 pr. et §§ 1 et 2. — L. 50, D. *de verb. Ob.*) Il en eût été ainsi lors même que les promettants auraient donné un fidéjusseur. On trouve il est vrai au Digeste un texte de Julien qui semble dire le contraire, c'est la loi 5 D. *de duobus Reis*; mais il n'en est rien, et il suffit pour s'en convaincre de rapprocher ce fragment de la loi 23, D. *de Operis libertorum*, d'où il résulte que le livre 22 du Digeste de Julien, d'où est tirée la loi 5, D. *de duobus Reis*, traitait des services que les patrons étaient dans l'usage de stipuler de leurs esclaves pour prix de leur affranchissement. A cet égard, les Romains distinguaient entre les *operas officiales* et les *operas fabriles*. Les *operas officiales*, services de devoir, d'obséquiosité (*ex officio*), étaient en quelque sorte un hommage de reconnaissance, de respect et de soumission envers le patron, et emportaient pour l'affranchi un certain caractère de vassalité. Aussi n'étaient-ils dus qu'au patron seul, qui ne pouvait les stipuler que pour lui ou pour ses enfants. Il ne pouvait les stipuler pour aucune autre personne chargée de les recevoir en son nom. Ces services une fois stipulés par le patron ne passaient pas à ses héritiers autres que ses enfants, et ils ne pouvaient être stipulés que par lui. Au contraire, les *operas fabriles*, travaux manuels, œuvres d'art, services professionnels, ressortant de la profession ou de l'industrie exercée par l'affranchi, rentraient dans le droit commun, passaient aux héritiers du patron, et pouvaient être stipulés par lui ou par un autre, pour lui ou pour un autre. (Ls. 5, 6, 9, 10, §§ 1 et 22, D. *de Oper. libert.*) Il est probable que ce qui précédait dans le Digeste de Julien le fragment qui constitue la loi 5, D. *de duobus Reis*, était consacré à l'explication des caractères des *operas officiales;* après quoi Julien ajoutait cette phrase qui, dans la loi 5, D. *de duobus Reis,* a donné matière à la question que nous traitons : « *Nemo » est qui nesciat alienas operas promitti posse.* »

Or le mot *alienus* étant souvent employé pour le mot *alius,* il y a lieu de croire que le mot *alienas* est mis ici pour *alias,* et que Julien a employé l'expression *alienas operas* pour désigner les *operas fabriles* par opposition aux *operas officiales.* Le fragment qui nous occupe a donc vraisemblablement été tiré d'un parallèle dans lequel Julien, après avoir expliqué les caractères des *operas officiales,* ajoutait que les autres services, les *operas fabriles,* pouvaient être promis à tout le monde, et pour toute personne ; et qu'on pouvait donner un fidéjusseur de cette promesse. Ceci peut paraître contraire à la loi 65, D. *de Fidejussoribus,* mais il n'en est rien ; car s'il est vrai qu'un fidéjusseur ne puisse promettre purement et simplement le fait de l'obligé principal, il peut se porter fort pour lui ou promettre une peine. (*Inst.*, L. 3, t. XIX, § 3. — D. L. 38, § 2, *de verb. Ob.*)

Remarquons que l'ensemble de la loi 5, D. *de duobus Reis*, confirme l'explication que nous donnons des mots *alienas operas*, puisque ce texte cite comme exemple, à propos de la règle qu'il pose, le cas où deux personnes auraient stipulé un même ouvrage d'un même ouvrier, et celui où deux ouvriers se seraient engagés solidairement à faire le même ouvrage.

Ce texte prouve qu'il pouvait y avoir corréalité entre deux stipulants ou deux promettants, lors même que la stipulation avait pour objet, non une chose, mais un fait.

Les stipulations conventionnelles n'étaient pas les seules qui pussent donner naissance à la solidarité, car elle pouvait résulter aussi des stipulations prétoriennes : « *Et stipulationum prætoriarum duo rei fieri* » *possunt.* » (L. 14, D. *de duobus Reis.*) Les stipulations prétoriennes étaient celles qui rentraient exclusivement dans l'office du préteur, et étaient ordonnées par lui *in jure.* Parmi elles se rangeaient aussi les stipulations édilitiennes, parce qu'elles émanaient de la juridiction des Édiles (*Inst.* L. 3, t. XVIII, § 2). Parmi les premières on distinguait les stipulations *damni infecti* et *legatorum* ; parmi les secondes, la stipulation de garantie des vices rédhibitoires de la chose vendue. (Ulp. L. 1, D. *de Ædilit. edict.*)

Il n'y avait pas que le contrat *verbis*, la stipulation, qui pût donner lieu, à Rome, à la solidarité entre plusieurs créanciers : elle pouvait encore résulter d'une obligation littérale, d'un louage, d'un *mutuum*, d'un commodat, d'un dépôt, et même d'un testament.

Pour qu'il y eût corréalité entre plusieurs créanciers par suite d'un testament, il fallait, d'après un texte que nous trouvons au Digeste (L. 16, *de Legat.* 2°), que la même chose eût été léguée alternativement à plusieurs personnes ; c'est-à-dire qu'elle eût été léguée à plusieurs personnes de telle façon qu'elle ne fût due qu'une fois, et à un seul des légataires. Si donc un testateur avait légué un même objet « à *Titius* ou à *Seius* » au choix de l'héritier, ils eussent été tous les deux créanciers solidaires de l'objet légué, et chacun d'eux eût pu actionner l'héritier pour la totalité de l'objet légué, comme s'il eût été seul légataire. Par contre, l'héritier, en délivrant le legs à l'un, eût été libéré envers tous les deux. (L. 16, D. *de Legat.* 2°.)

Dumoulin, il est vrai, nie qu'il y ait là un cas de solidarité ; il n'y voit qu'une obligation alternative quant au sujet ; mais cette opinion est en contradiction avec ces mots de la loi 16, D. *de Legatis* 2° : « *Nam ut stipu-* » *lando duo rei constitui possunt, ita et testamento potest* » *id fieri.* » Au reste, la question soulevée par Dumoulin offre peu d'intérêt, puisqu'à Rome, les cocréanciers solidaires n'ayant en principe aucun recours à exercer les uns contre les autres, l'obligation alternative, quant au sujet, ne différait en rien, par ses résultats, de l'obligation solidaire.

C'est ce que prouve le fragment suivant de Pomponius : « *Si Titius et Seius separatim ita stipulati essent :* » *Fundum illum si illi non dederis, mihi dare spondes ?* » *Finem dandi alteri fore quoad judicium acciperetur :* » *et ideo occupantis fore actionem.* »

Dans l'ancien Droit romain il fallait, quant à la production de la solidarité active, distinguer entre les quatre sortes de legs en usage alors, et qui étaient les legs *per vindicationem, per præceptionem, per damnationem* et *sinendi modo.* Le legs *per vindicationem* se faisait en ces termes : *do, lego, sumito, capito.* Par suite de ce legs la propriété de la chose léguée était transférée de plein droit, aussitôt l'adition d'hérédité, au légataire qui pouvait la revendiquer. Par conséquent, en quelques termes que ce legs eût été fait à plusieurs personnes, il ne pouvait jamais produire de corréalité entre elles, puisqu'il ne les rendait pas créancières mais propriétaires. D'ailleurs il était impossible de léguer alternativement à plusieurs personnes une propriété qui devait leur être transférée par la seule force du testament (Gai., Com. 2, §§ 193, 194 et 199).

Il en était de même lorsque le legs avait été fait *per præceptionem.* Ce legs se faisait en ces termes : *Lucius Titius præcipito.* Les jurisconsultes n'étaient pas d'accord sur ses effets. Les Sabiniens n'y voyaient qu'un legs de préciput qui ne pouvait être fait qu'à un ou à plusieurs des héritiers du testateur qui en obtenaient la délivrance au moyen de l'action *familiæ erciscundæ.* C'était encore un legs de propriété qui excluait toute possibilité de corréalité. Le testateur ne pouvait d'ailleurs appeler plusieurs personnes à venir prélever, à l'exclusion l'une de l'autre, l'objet légué, puisque c'était le juge qui était chargé d'en faire l'attribution.

Les Proculéiens, au contraire, pensaient qu'on pouvait léguer ainsi même à un étranger. Ils tenaient pour superflue la syllabe *præ* du mot *præcipito* qui, à leurs yeux, équivalait au mot *capito;* ce qui assimilait le legs *per præceptionem* à un legs *per vindicationem.* D'où il suit que ce legs ne pouvait produire de corréalité entre les légataires, soit qu'on l'envisageât au point de vue des Sabiniens ou à celui des Proculéiens (Gai. Com. II, §§ 216-219-221 et 223).

Mais il en était autrement des legs *per damnationem* et *sinendi modo* qui étaient des legs de créance, c'est-à-dire des legs qui ne transféraient pas immédiatement, et par le seul effet de l'adition d'hérédité, la propriété de l'objet légué au légataire.

Le legs était fait *sinendi modo* lorsque le testateur s'était exprimé ainsi : *Heres meus damnas esto sinere (Licium Titium hominem Stichum) sumere, sibique habere.* Il avait pour effet d'obliger l'héritier à souffrir que le légataire prît l'objet légué, lequel ne pouvait faire partie que des biens du testateur ou de ceux de son héritier (Gai. Com. II, § 213). Par conséquent, si un objet avait été légué ainsi alternativement à deux personnes, il y aurait eu corréalité entre elles. Ainsi, par exemple, si le testateur avait dit : *Heres meus damnas esto sinere Mœvium aut Titium hominem Stichum sumere,* il y aurait eu corréalité entre Titius et Mœvius, et l'héritier, en souffrant que l'un des deux prît l'objet légué, aurait été libéré envers tous deux. Suivant la plupart des jurisconsultes, il en eût été encore de même si le testateur, au lieu de léguer la chose alternativement à Titius et à Mœvius, la leur avait léguée disjointement, c'est-à-dire par deux dispositions séparées (Gai. Com. II, §§ 199 et 215).

Le legs *per damnationem* se faisait en ces termes : *Heres meus dare damnas esto, heres meus dato.* Ce legs donnait au légataire le droit d'agir contre l'héritier pour l'obliger à lui transférer la propriété de l'objet légué. Par conséquent, si le testateur avait ainsi légué une seule et même chose alternativement à Seius et à Titius, il y aurait eu corréalité entre eux, et ils eussent été créanciers solidaires de l'héritier, qui se fût libéré envers l'un et l'autre en payant le legs à l'un d'eux. Le testateur pouvait léguer *per damnationem* non-seulement sa chose et celle de son héritier, mais encore celle de toute autre personne et même une chose future (Gai. Com. II, §§ 202, 203 et 204). Mais si, au lieu de léguer la chose *alternativement* à deux personnes, le testateur la leur

avait léguée *disjointement*, il n'y aurait pas eu corréalité entre elles, et l'héritier aurait dû donner, à l'une la
chose même, et à l'autre son estimation (Gai. Com. II,
§ 205).

Tels devaient être au temps de Gaïus les effets des
legs en matière de solidarité. On ne trouve, il est vrai,
dans les textes insérés au Digeste aucune des distinctions que nous avons faites ; mais, il ne faut pas s'en
étonner, cela tient à ce que les différentes sortes de
legs en usage dans l'ancien Droit avaient été abolies par
Constantin, et refondues en une seule par Justinien qui
avait décidé que, quels que fussent les termes employés
par le testateur, le légataire aurait pour poursuivre la
délivrance du legs, non-seulement une action personnelle contre l'héritier, mais une action réelle et une
action hypothécaire (*Inst.* L. 2, t. XX, § 2.). D'où il suit
que, d'après la législation de Justinien, le testament
transférait au légataire non-seulement un droit de
créance, mais encore un droit de propriété. Mais il était
des circonstances où, par la force des choses, le légataire ne pouvait acquérir qu'un droit de créance et
qu'une action personnelle contre l'héritier. C'est ce qui
avait lieu, lorsque le testateur avait légué soit la chose
d'autrui, soit une chose individuellement indéterminée,
(par exemple, *un cheval, ou tant de mesures de vin*),
soit enfin une créance, car, dans ce cas, il était impossible que la propriété de la chose léguée pût être transférée, au légataire, par le seul effet de l'adition d'hérédité, ou par l'échéance du terme ou de la condition
inséré dans la disposition testamentaire. On comprend
que, dans ce cas, il suffisait que la chose léguée l'eût été
alternativement à deux personnes, pour qu'elles fussent
corrées. Mais si le testateur avait légué à plusieurs personnes une chose à lui appartenant, et individuellement
déterminée, il ne pouvait y avoir de corréalité entre

elles, car alors, la propriété du legs devant se trouver transférée aux légataires aussitôt l'adition d'hérédité, l'échéance du terme, ou la réalisation de la condition, le legs ne pouvait être fait alternativement, puisqu'en pareil cas l'alternative ne se fût pas comprise. En effet, comment déterminer auquel des légataires la propriété de la chose léguée avait été transférée par l'effet du testament?

Mais il en eût été autrement si le testateur, en pareil cas, avait légué la chose à l'un ou à l'autre des légataires au choix de l'héritier, *utri heres vellet*, car, en pareil cas, le legs n'étant plus translatif de propriété, mais donnant simplement au légataire un droit de créance, l'alternative insérée dans la disposition avait une raison d'être, et les légataires se trouvaient corrés et créanciers solidaires de l'héritier qui, en payant le legs à l'un, se libérait envers tous les autres. Et, s'il ne donnait la chose léguée à aucun des légataires, chacun d'eux pouvait agir contre lui pour en obtenir la délivrance comme si elle n'avait été léguée qu'à lui seul. (L. 16, D. *de Legat.* 2°.)

Ce que nous venons de dire explique le sens des mots « *utri heres vellet* » qui se trouvent dans la loi 16, D. *de Legatis* 2°. Ils ont pour effet de rendre ce texte applicable à tous les cas : aussi bien au cas où le testateur a légué un corps certain et une chose à lui appartenant, qu'à celui où il a légué soit la chose d'autrui, soit un objet individuellement indéterminé. Toutefois, nous pensons que l'adjection de ces mots n'était pas nécessaire, quand la disposition testamentaire avait pour objet une chose indéterminée dans son espèce, ou une chose appartenant à autrui.

Ces mots *utri heres vellet* ont été vraisemblablement intercalés dans le texte de Paul par les rédacteurs des Pandectes : car, les quatre sortes de legs que nous avons énumérées étant en vigueur à l'époque où vivait ce juris-consulte, qui florissait sous le règne de Septime-Sévère (193-211), l'adjection de ces mots était inutile quand le legs avait été fait *per damnationem* ou *sinendi modo*, puisqu'alors il ne transférait qu'un droit de créance au légataire ; et elle eût été incompréhensible si le legs avait été fait *per vendicationem* ou *per præceptionem*.

Nous avons dit que la solidarité active pouvait résulter d'une obligation littérale ; voici comment se formait cette obligation et comment elle pouvait donner lieu à la corréalité entre plusieurs créanciers.

Les Romains avaient pour habitude de mentionner chaque mois, d'après un relevé fait sur des notes mensuelles, appelées *adversaria*, toutes leurs opérations, dépenses et recettes, sur un registre domestique, tenu régulièrement et appelé *Codex accepti et expensi*. Ce registre (*codex* ou *tabulæ*) avait la plus grande autorité, et faisait foi, en justice, des créances ou dettes qu'il mentionnait. En conséquence, si deux ou plusieurs personnes, en dehors de toute numération et réception d'espèces, s'accordaient, l'une à tenir la somme pour versée (*expensa lata*), l'autre à la tenir pour reçue (*accepta relata*), et la portaient comme telle sur leurs registres, il y avait une obligation formée, non par le consentement des parties (qui, en dehors des quatre contrats dérivés du droit des gens : la vente, le louage, la société et le mandat, ne pouvait, par lui-même, engendrer aucune obligation), mais par l'écriture (*litteris*). Il n'était même pas nécessaire, pour la formation de l'obligation, que le débiteur mentionnât sur son registre la somme comme reçue ; il suffisait que le créancier en eût mentionné le versement sur le sien, et que cette mention (*expensilatio*) eût eu lieu du consentement du débiteur ; mais c'était au créancier à prouver ce consentement. Maintenant, si nous supposons que, du consente-

ment de Seius, Titius et Mævius aient écrit sur leur
registre que celui-ci leur devait les mêmes *cent*, il y aurait eu corréalité entre eux, et ils eussent été cocréanciers solidaires de Seius. C'est ce que prouve le *principium* de la loi 9, D. *de Pactis.* Dans ce texte, qui a trait
à la détermination du nombre des créanciers, par suite
d'un concordat en cas de faillite, Paul nous dit que si
plusieurs ont la même action, ils ne comptent que pour
un seul; et il cite, entre autres exemples, celui de plusieurs banquiers qui auraient inscrit simultanément une
même créance sur leurs registres. « *Vel plures argen-*
» *tarii quorum nomina simul facta sunt.* » La loi 34,
D. *de Receptis,* assimile aussi à des costipulants les
banquiers qui ont inscrit stimultanément une même
dette sur leurs registres. « *Idem in duobus argentariis*
» *quorum nomina simul eunt.* » Ces textes, il est vrai,
ne parlent que des banquiers; mais il ne faut pas s'en
étonner, puisque du temps de Justinien les obligations
littérales (*nomina transcriptitia*) n'étaient plus en usage
que chez les banquiers.

Le constitut pouvait aussi donner naissance à la solidarité active.

Le constitut était une convention par laquelle le débiteur d'une dette, soit civile, soit prétorienne, soit naturelle, promettait par simple pacte de payer à jour fixe
(*constitutum diem*). Le préteur considérait cette promesse comme obligatoire, et donnait une action prétorienne pour en poursuivre l'exécution (L. 1, D. *de
Pecun. const.*). Ce pacte tirait son origine d'une insti-
tution analogue du droit civil en usage chez les banquiers, et donnant lieu à l'action *receptitia.* On pouvait
constituer non-seulement pour sa dette, mais encore
pour la dette d'autrui. Par conséquent, si une personne
avait promis à Seius et Titius de leur payer à tel jour
les mêmes *cent*, cette promesse eût été obligatoire, et

Seius et Titius eussent été créanciers solidaires de la somme promise, Ulpien donne une décision analogue (L. 16, D. *de Pecun. const.*), en matière de solidarité passive, et nous ne voyons pas pourquoi on n'étendrait pas cette décision à la solidarité active.

Nous avons mentionné le dépôt parmi les contrats d'où pouvait naître la solidarité entre plusieurs créanciers. Ainsi, lorsque plusieurs personnes déposaient un même objet, ou une même somme entre les mains d'un tiers, de telle sorte que le dépôt fût censé fait pour le tout par chacune d'elles, elles étaient corrées et chacune pouvait agir contre le dépositaire pour la totalité du dépôt (L. 1, § 44, D. *Deposit. vel contr.*). Mais il n'en était pas ainsi lorsque chacune avait fait le dépôt pour la part qu'elle pouvait avoir dans la chose ou la somme déposée.

Quant au séquestre, c'est-à-dire le dépôt d'une chose litigieuse entre les mains d'un tiers (auquel on donne aussi le nom de séquestre), il produisait toujours la solidarité entre les déposants, puisqu'il était censé fait par chacun pour le tout. Cependant, il n'en était pas ainsi quand il s'agissait du dépôt d'une chose commune, auquel cas la présomption contraire aurait lieu. (L. 17, pr. D. *Deposit. vel contr.*)

Au dépôt nous assimilerons le commodat en ce qui touche la production de la solidarité active. En effet, le commodat, ou prêt à usage, était, comme le dépôt, un contrat formé re par la remise d'une chose que l'emprunteur devait rendre identiquement. Or, que la chose eût été remise à titre de commodat ou de dépôt, cela ne pouvait rien changer à l'obligation de rendre. Par conséquent, lorsque plusieurs personnes prêtaient une même chose à un tiers, elles devaient être corrées et avoir chacune action pour le tout contre le commodataire. Un fragment d'Ulpien, la loi 5, § 18, D. *Commo-*

dati, renferme une décision analogue en matière de solidarité passive, et nous ne voyons pas de motif de ne pas l'étendre à la corréalité active.

Nous déciderons encore de même à l'égard du *mutuum* ou prêt de consommation qui, comme le dépôt et le commodat, était un contrat formé *re*, et qui obligeait le débiteur à rendre une chose de même nature et qualité que la chose reçue. Si donc Titius et Mœvius avaient prêté simultanément, et chacun pour le tout, une même somme à Seius, ils eussent été corrés et chacun d'eux aurait eu contre Seius action pour le tout. Le Digeste, il est vrai, est muet à cet égard ; mais nous trouvons au Code une Constitution (la loi 9 *Si cert. pet.*) qui nous paraît suffisamment explicite : Le requérant et Syntrophe ont prêté une certaine somme ; les empereurs Dioclétien et Maximien lui répondent que si le juge reconnaît qu'ils sont *correi stipulandi*, ou que l'obligation lui est acquise *in solidum* par la chose, il condamnera le débiteur à lui restituer toute la dette. « *Aditus competens judex, si duos reos stipulandi, vel* » *re pro solido tibi quæsitam actionem... animadver-* » *terit, totum debitum restitui tibi jubebit.* » (L. 9, c. *Si cert. pet.*).

Il pouvait encore y avoir solidarité active entre plusieurs personnes par suite d'une vente ou d'un louage. Par conséquent, si Titius et Mœvius avaient vendu ou donné à bail une même chose à Seius, chacun pour le tout, chacun d'eux aurait eu action contre Seius pour la totalité du prix de vente ou du loyer. Nous trouvons au Digeste, en ce qui touche le louage, un texte formel : « *Duo rei locationis in solidum esse possunt.* » (Ulp. L. 13, § 9, *Locat. cond.*).

Quant à la vente, nous avons la loi 47 *Locati conducti* ; mais nous devons avouer que ce fragment, qui est tiré de Marcellus, est assez obscur et a été évidemment altéré par les copistes. Ainsi, il faut lire dans ce texte *venditorem* au lieu de *emptorem* qui n'aurait pas de sens. Marcellus, dans ce fragment tel que nous l'avons au Digeste, dit que si un vendeur a vendu à plusieurs personnes, ou que si un locataire a loué à plusieurs personnes, le demandeur aura action pour le tout contre chacune d'elles, si toutefois il consent à céder ses actions à celle qu'il actionne. Mais cette assimilation, que fait le texte, entre des bailleurs et des acheteurs ne se comprend guère. De plus, ces mots : *Si constabit omnes esse solvendo*, ne se comprennent pas davantage à l'égard des bailleurs. Il y a donc lieu de croire, avec M. Pellat, que, dans le texte original, Marcellus établissait un parallèle, d'une part, entre un bailleur et un vendeur louant ou vendant à plusieurs personnes, et de l'autre, entre un locataire et un acheteur louant ou achetant à plusieurs personnes. Il y avait dans le premier cas plusieurs codébiteurs solidaires, par suite de la vente ou du bail, et dans le second, plusieurs créanciers solidaires.

Les copistes, ou les rédacteurs des Pandectes, en transcrivant ce passage, auront pris le vendeur dans un cas et le locataire dans l'autre, et accommodé aux deux hypothèses la solution que le jurisconsulte donnait pour la première.

Quoi qu'il en soit, ce texte, tel que nous le possédons, conserve encore une grande importance, puisqu'il prouve que dans les contrats de bonne foi, à la différence des contrats de droit strict, les jurisconsultes romains hésitaient à appliquer la solidarité dans toute sa rigueur, et admettaient le bénéfice de division qu'Adrien n'avait introduit qu'à l'égard des fidéjusseurs.

CHAPITRE III.
De la solidarité passive et de ses effets.

SECTION Ire.

Principes généraux.

La solidarité passive est celle qui peut exister entre les codébiteurs d'une même dette. Il y avait solidarité entre plusieurs débiteurs, lorsque l'obligation avait été contractée de telle manière que la même chose fût due, en totalité, au même créancier par plusieurs personnes. De telle sorte que le créancier pouvait demander la totalité de la dette à celui des débiteurs qu'il lui plaisait d'actionner, et que celui-ci, en payant, libérait en même temps que lui tous ses codébiteurs. « *Ubi duo* » *rei facti sunt, potest vel ab uno eorum solidum peti ut* » *sive unus solvat omnes liberantur.* » (Ulp. L. 3, § 1, D. *de duob. Reis.*) Toutefois, rien n'empêchait le créancier de diviser son action entre tous les débiteurs et de demander à chacun d'eux sa part de la dette solidaire. « *Et partes autem a singulis peti posse nequàquam du-* » *bium est.* »

Si nous en croyons l'*Authentique* de la loi 2, au Code, *de duobus Reis*, la *Novelle* 99, *chap.* 1er, aurait même accordé aux codébiteurs solidaires, lorsqu'ils étaient tous présents et solvables, le droit d'exiger que le créancier divisât son action et n'actionnât chacun d'eux que pour sa part. C'est aussi l'avis de Cujas et Vinnius. Toutefois, ceci, nous dit Vinnius, est contesté par certains auteurs qui prétendent que la Novelle a été mal comprise par Irnerius, le rédacteur des Authentiques; ils pensent que la Novelle ne parle pas des *correi debendi*, mais du cas où plusieurs débiteurs se seraient rendus mutuellement fidéjusseurs les uns des autres, auquel cas le rescrit d'Adrien n'était pas applicable (L. 27, § 4, D. *de Fidejus.*). Ils argumentent à cet effet du titre grec de la Novelle : περὶ ἀλληλεγγύων, c'est-à-dire *des engagements réciproques.* Cujas et Vinnius répondent que ce titre s'applique aussi bien aux codébiteurs solidaires qu'aux fidéjusseurs, car les premiers jouent le rôle de fidéjusseurs les uns des autres. Quant à nous, ces deux opinions nous paraissent également admissibles et nous ne nous hasarderons pas à prononcer entre elles ; le texte de la *Novelle* 99 nous paraît trop obscur pour que nous puissions le faire ; à nos yeux c'est un nuage dans lequel on peut voir tout ce qu'on veut.

Dans le contrat corréal passif, tous les débiteurs devant la même chose, il en résulte qu'il y avait quant à l'objet de la dette unité d'obligation. « *Utique enim,* » *cum una sit obligatio, una et summa est.* » (Ulp. L. 3, D. *de duob. Reis*). Mais si on considère le contrat au point de vue des personnes qui en sont le sujet passif, il y avait autant d'obligations que de débiteurs, car il y avait un lien différent, une relation juridique particulière, entre chacun des codébiteurs et le créancier. Cela est si vrai que l'obligation de l'un pouvait être à terme ou sous condition, tandis que celle de l'autre était pure et simple (L. 7, D. *de duob. Reis*). Ces différentes obligations étaient, il est vrai, connexes et réunies en faisceaux quant à leur objet qui était unique, mais elles étaient distinctes et multiples quant aux personnes, et leur validité ou leur étendue devait être examinée par rapport à la capacité de chacun des obligés. « *Nam* » *etsi maxime parem causam suscipiant, nihilominus* » *in cujusque persona, propria singulorum consistit* » *obligatio.* » (Pap. L. 7, § 2, D. *de duob. Reis.*) Aussi pouvait-il arriver que l'obligation de l'un fût valable et celle de l'autre nulle (L. 12, § 1, D. *de duob. Reis*). De là deux conséquences :

1° Toutes les causes de dissolution ou de nullité de l'obligation portant sur son objet (*in rem*) profitaient à tous les codébiteurs, tandis que celles qui étaient personnelles à tel ou tel des codébiteurs ne profitaient qu'à celui-là. C'est ce qui avait lieu, par exemple, en cas de *capitis diminutio* d'un des codébiteurs solidaires ou si on lui interdisait l'eau et le feu : « *Cum duo eamdem pecu-* » *niam debent, si unus capitis diminutione exemptus* » *est obligatione, alter non liberatur : multum enim* » *interest utrum res ipsa solvatur an persona libe-* » *retur; cum persona liberatur, manente obligatione* » *alter durat obligatus; et ideo si aqua et igni in-* » *terdictum est alicujus, fidejussor postea ab eo datus* » *tenetur.* » (Paul. L. 19, D. *de duob. Reis.*)

2° Chacun des codébiteurs solidaires, étant tenu par un lien particulier, et comme s'il eût été seul, envers le créancier, celui qui payait la dette commune ne faisait qu'exécuter son obligation et n'avait rien à réclamer aux autres. Il avait, il est vrai, éteint leur obligation en même temps que la sienne, mais il ne pouvait pour cela être regardé vis-à-vis d'eux comme un mandataire ou un gérant d'affaires, car il avait payé le créancier, non pour les libérer, mais pour se libérer lui-même, et c'est indépendamment de sa volonté que ses codébiteurs avaient été libérés en même temps que lui.

Mais il en était autrement quand il y avait une société entre les codébiteurs solidaires, car alors le lien social qui les unissait les obligeait à se tenir compte réciproquement de ce qu'ils avaient dépensé pour le profit commun. Aussi Ulpien nous dit-il, d'après Julien, que, dans le calcul de la *falcidie*, « il faut observer » que les dettes solidaires doivent se diviser entre les » codébiteurs, s'ils sont associés, comme si chacun

» d'eux ne s'était obligé que pour sa part ; mais qu'il
» en est différemment quand il n'y a aucune société
» entre eux, et que, dans ce cas, il y a incertitude sur le
» point de savoir à la charge duquel des débiteurs doit
» tomber la dette solidaire. » (L. 62, D. *ad Leg. falc.*)
C'est que, dans ce cas, la dette solidaire ne se divisant
plus entre les codébiteurs, c'était le choix du créancier
qui déterminait celui d'entre eux à la charge duquel la
dette devait tomber. C'est aussi ce qui résulte de la
loi 71, D. *de Fidejussoribus.*

On trouve, il est vrai, au Code, une constitution de
Dioclétien (L. 2, *de duob. Reis*) qui, au premier abord,
paraît accorder dans tous les cas, à celui des codébiteurs
solidaires qui avait payé la dette commune, un recours
contre les autres ; mais il n'en est rien, et cette constitution, comme le fait avec raison remarquer Vinnius,
doit s'entendre de deux codébiteurs solidaires associés.
Car, dans l'espèce, l'emprunt remboursé par l'un des
codébiteurs avait été fait par eux en commun, « com-
» muniter mutuo accepto. » (L. 2, c. *de duob. Reis.*)

Celui des débiteurs solidaires qui avait payé la dette
commune, avait encore un recours contre ses codébiteurs, lorsqu'ils s'étaient mutuellement rendus fidéjusseurs les uns des autres, pourvu que, dans ce cas, le
créancier l'eût poursuivi partie comme fidéjusseur, et
partie comme débiteur principal (1). (L. 11, pr. D. *de
duob. Reis*).

(1) Cette fidéjussion réciproque des codébiteurs solidaires of-
frait aussi, en cas d'insolvabilité partielle de ceux-ci, un avantage
au créancier, car elle lui permettait de poursuivre l'un d'eux
pour le tout comme débiteur principal, et de demander ensuite à
l'autre comme fidéjusseur ce qu'il n'avait pu obtenir du premier.
Car si (avant Justinien) les poursuites dirigées contre un des débiteurs solidaires libéraient les autres, il n'en était pas de même
de celles qui étaient dirigées contre le fidéjusseur, lesquelles

Il en était de même, en dehors de toute société ou fidéjussion réciproque, si le débiteur, qui avait payé la totalité de la dette, s'était fait céder les actions du créancier avant le paiement ; car, si cette cession avait eu lieu après, elle eût été nulle, puisque le paiement éteignait les actions du créancier (L. 76, D. *de Solutionib.*). Par suite de cette cession, le débiteur pouvait recourir contre celui de ses codébiteurs qu'il lui plaisait de choisir, soit pour le tout, s'il n'y avait pas de société entre eux, soit, dans le cas contraire, déduction faite de la part qu'il devait supporter dans la dette commune. Toutefois, des auteurs prétendent que, même en l'absence de toute société entre les codébiteurs solidaires, le cessionnaire des actions du créancier ne pouvait actionner ses anciens codébiteurs que déduction faite de sa part virile dans la dette solidaire : car autrement, disent-ils, il y aurait eu un cercle vicieux, puisque celui des débiteurs solidaires à qui le cessionnaire aurait fait payer toute la dette, aurait pu à son tour en demander le paiement à celui-ci. Mais cette argumentation repose sur une base fausse. En effet, pour que le débiteur solidaire, cessionnaire des actions du créancier, pût être contraint de déduire sa part virile de la dette dont il réclamait le paiement à son codébiteur, il eût fallu que les codébiteurs solidaires ne fussent tenus entre eux que de parts viriles ; et c'est ce qui n'était pas, puisque en principe ils étaient indépendants les uns des autres. D'ailleurs, le cessionnaire agissait contre son ancien codébiteur, non comme ayant payé sa dette, mais comme acheteur des actions du créancier (L. 36, D. *de Fidejus.*), par conséquent il devait avoir tous les droits d'un tiers acquéreur. Quant au recours que le débiteur,

n'éteignaient pas l'obligation principale (L. 13 et 71, D. *de Fidejus.*)

qui aurait payé le cessionnaire, aurait voulu exercer contre lui, il n'était pas à craindre, car le cessionnaire n'était pas forcé de lui céder ses actions.

Cette cession n'était obligatoire pour le créancier qu'à l'égard des fidéjusseurs ou mandataires (L. 13 et 17, D. *de Fidejus.*; L. 95, §§ 10 et 11, D. *de Solution*. . À l'égard des débiteurs il n'y était pas forcé, si ce n'est quand la dette provenait d'un contrat de bonne foi et que tous les débiteurs étaient solvables; car dans ce cas il devait diviser son action entre tous les débiteurs, à moins qu'il ne cédât ses actions à celui qu'il voulait poursuivre pour le tout (L. 47, D. *Locati*).

SECTION II.

De l'acceptilation.

L'acceptilation intervenue entre le créancier et l'un des débiteurs solidaires, éteignait-elle la dette à l'égard des autres? Oui.

En effet, l'acceptilation était un paiement fictif (*imaginaria solutio*), comme disent les Institutes, qui devait avoir les effets d'un véritable paiement. C'était, à ce que dit Ulpien (L. 107, D. *de Solution.*), un mode civil d'extinction des obligations; d'où il suit que l'obligation étant éteinte civilement par l'acceptilation intervenue entre le créancier et l'un des débiteurs, devait l'être également à l'égard des autres. Aussi Ulpien nous dit-il : « *Cum ex duobus pluribusque ejusdem obligationis* » *participibus uni accepto fertur, cæteri quoque libe-* » *rantur : non quoniam ipsis accepto latum est, sed quo-* » *niam velut solvisse videtur is qui acceptilatione solu-* » *tus est.* » (L. 16, D. *de Aceptilat.*).

Mais nous avons vu que l'acceptilation, contrat *verbis*, ne pouvait éteindre qu'une obligation verbale, et que si le créancier voulait, par acceptilation, libérer le débiteur

de toute autre obligation, il devait auparavant la transformer en une obligation verbale au moyen de la stipulation Aquilienne. Si donc le créancier avait ainsi libéré
l'un des débiteurs solidaires d'une dette ne provenant
pas d'un contrat *verbis*, la dette primitive eût-elle été
éteinte à l'égard des autres débiteurs solidaires? Cette
question rovient à celle-ci : La novation résultant de la
stipulation Aquilienne intervenue entre le créancier et
l'un des codébiteurs solidaires, éteignait-elle l'obligation primitive à l'égard des autres? En effet, l'obligation
qu'éteignait l'acceptilation survenue après la stipulation
Aquilienne, n'était pas l'obligation primitive, mais l'o-
bligation *verbis* résultant de cette stipulation, laquelle
était étrangère aux autres débiteurs solidaires, qui
ne pouvaient être libérés qu'autant que l'obligation primitive aurait été éteinte par la novation résultant de la
stipulation Aquilienne. C'est ce que nous allons examiner dans la section suivante.

SECTION III.

De la novation.

Nous avons vu ci-dessus que la novation consistait
dans la substitution d'une nouvelle obligation, soit
civile, soit prétorienne, soit naturelle (1), pourvu
qu'elle ait été contractée *verbis*, à une obligation pré-
existante *réelle*, *verbale* ou *littérale*; civile, prétorienne, ou naturelle, laquelle se trouvait éteinte par celle
qui lui était substituée.

(1) Observons, toutefois, qu'il fallait que la stipulation qui ser-
vait à nover l'ancienne obligation subsistât néanmoins comme
contrat verbal. C'est pour cela que la stipulation faite par un esclave en son nom, ou par un pérégrin au moyen de la formule
spondes, ne pouvait produire de novation, tandis que celle faite
par un mineur, non autorisé du tuteur, le pouvoit.

La novation étant un mode civil d'extinction des obligations, et pouvant s'appliquer à toute espèce d'obligations (Ulp. L. 1, § 1, D. *de Novation.*), l'obligation solidaire devait se trouver éteinte avec tous ses accessoires (L. 18, D. *de Novation.*), à l'égard de tous les codébiteurs, par la novation que l'un d'eux aurait faite avec le créancier. Le contrat qui avait nové l'obligation primitive était, à la vérité, personnel au débiteur qui y avait été partie, les autres y étaient étrangers; mais comme le nouveau contrat avait précisément pour but d'éteindre l'obligation multiple résultant du contrat primitif, il en résultait que tous ceux qui étaient soumis à l'obligation primitive en étaient libérés. D'ailleurs, on peut considérer celui des débiteurs qui avait fait novation, comme ayant payé la dette commune, au moyen de l'obligation nouvelle qu'il avait contractée envers le créancier, car celui-ci pouvait toujours recevoir en paiement autre chose que ce qui lui était dû. Par conséquent, la novation de la dette solidaire faite par l'un des codébiteurs l'éteignait à l'égard des autres. C'est ce qui résulte de la loi 20, D. *ad Senatusconsultum Velleianum.*

Ce texte nous dit que si une femme a intercédé pour l'un de deux codébiteurs solidaires, en s'obligeant pour lui, on restituera au créancier l'action contre tous les deux. « *Si pro uno reo intercesserit mulier, adversus* » *utrumque restituitur actio creditori.* » Pour bien comprendre ce texte, il faut savoir que, d'après le sénatus-consulte Velléien, les femmes ne pouvaient intercéder pour autrui, c'est-à-dire s'obliger pour une autre personne, soit en son lieu et place, en se chargeant de sa dette, soit concurremment avec elle, en la cautionnant. En conséquence de sa prohibition, le sénatus-consulte Velléien refusait toute action contre la femme qui avait intercédé pour autrui (L. 2, § 1, D. *ad*

S. C^{tum} Vellei.). Or, si le texte que nous avons cité, ordonne de restituer l'action au créancier contre les deux codébiteurs solidaires, c'est que l'obligation naturelle résultant de l'intercession de la femme, en novant l'obligation du débiteur pour lequel elle avait intercédé, avait éteint en même temps l'obligation du codébiteur de celui-ci. Car il est bien évident, que si l'intercession de la femme n'avait éteint l'obligation primitive qu'à l'égard du débiteur pour qui elle avait intercédé, il n'y aurait pas eu d'action à restituer contre l'autre.

SECTION IV.

Des pactes, et particulièrement du pacte de remise.

Nous avons vu que la remise de dette, faite au moyen de l'acceptilation, à l'un des codébiteurs solidaires, éteignait la dette à l'égard de tous; nous avons maintenant à examiner les effets de la remise que le créancier aurait faite, par simple pacte, à l'un d'eux. Tel sera l'objet de cette section, dans laquelle nous examinerons d'une manière générale les effets du pacte intervenu entre le créancier et l'un des débiteurs solidaires.

Nous avons exposé ci-dessus les principes généraux du Droit romain en matière de pacte; nous avons vu qu'en général ils ne produisaient pas d'action, à moins qu'ils n'eussent été exécutés par une des parties, ou qu'ils n'eussent été joints immédiatement (*ex continenti*) à un contrat de bonne foi, ou encore, selon Paul, à une stipulation. Dans tous les autres cas ils ne produisaient qu'une exception. C'est d'après cette distinction que nous allons examiner la question que nous avons énoncée plus haut.

Si nous supposons que la dette solidaire provînt d'un contrat de bonne foi, et que le créancier en eût fait immédiatement, par simple pacte, remise soit totale, soit partielle, à l'un des débiteurs, il n'est pas douteux que l'obligation de ce débiteur ne fût éteinte en totalité ou en partie, selon la convention qui dans ce cas faisait partie du contrat. (L. 7, § 5, D. *de Pactis*.) D'ailleurs, la plupart des contrats de bonne foi étant dérivés du droit des gens et fondés sur le consentement, il était naturel qu'ils fussent modifiés ou éteints par une volonté contraire, et, quant aux autres, on considérait que l'équité voulait qu'on réglât leurs effets surtout d'après l'intention des parties; aussi on regardait toute convention qui les accompagnait immédiatement comme faisant la loi du contrat. Mais le pacte qui avait été ainsi joint immédiatement à un contrat de bonne foi profitait-il aussi aux codébiteurs solidaires de celui qui avait pactisé? Pour résoudre cette question, il faut faire une distinction : le pacte avait-il eu lieu *in rem*, c'est-à-dire d'une manière générale, abstraction faite de telle ou telle personne, l'obligation était modifiée ou éteinte, selon la convention, à l'égard de tous les débiteurs solidaires (Ulp., l. 7, § 8, D. *de Pactis*) : car par ce pacte le créancier avait fait remise à tous les débiteurs.

Le pacte, au contraire, avait-il eu lieu *in personam*, ses effets se bornaient à la personne du débiteur à qui le créancier avait fait la remise ou accordé un terme.

Mais si nous supposons que le pacte intervenu, entre le créancier et l'un des codébiteurs solidaires, n'avait eu lieu que postérieurement au contrat, et après un intervalle plus ou moins long, il n'aurait produit qu'une exception qui ne pouvait être opposée au créancier que par celui des codébiteurs solidaires qui avait pactisé avec lui.

En effet, le pacte, simple convention reconnue seulement par le droit prétorien, ne faisant pas dans ce cas partie du contrat, ne pouvait éteindre une obligation du droit civil, et laissait par conséquent subsister l'obligation primitive dans toute sa vigueur, et avec ses modalités premières. Le préteur, il est vrai, accordait par un motif d'équité une exception à celui qui pouvait exciper d'une telle convention ; mais les codébiteurs solidaires n'ayant aucun lien entre eux, et cette exception n'influant pas sur la nature de l'obligation primitive, mais seulement sur le résultat de l'action née du contrat, il s'ensuit qu'elle ne pouvait être invoquée que par celui des codébiteurs qui avait pactisé avec le créancier. A l'égard des autres le pacte était *res inter alios acta;* et ils ne pouvaient invoquer une convention qu'ils n'avaient pas faite. (L. 23, D. *de Pactis.*)

Il en était ainsi, soit que le contrat productif de solidarité fût de *bonne foi* ou de *droit strict :* seulement, quand le pacte avait accompagné un contrat de droit strict, l'exception devait être insérée dans la formule, tandis qu'elle fût rentrée dans l'office du juge, si le pacte eût été joint à un contrat de bonne foi.

Toutefois, les principes que nous venons d'exposer recevaient, semble-t-il, un tempérament lorsque le pacte avait eu lieu *in rem.* Dans ce cas les codébiteurs de celui qui avait pactisé pouvaient invoquer contre le créancier, sinon l'exception *pacti conventi,* au moins l'exception de dol. « *Qui exceptione pacti uti non possunt,* » *doli exceptione usuros,* » disait Julien, dont l'opinion, au rapport d'Ulpien (L. 10, § 2, *de Pactis*), était adoptée par la plupart des jurisconsultes. C'est ce qui nous paraît résulter encore des lois 25, § 2 et 26, D. *de Pactis,* qui accordent au débiteur principal l'exception de dol en vertu du pacte *in rem* fait par le fidéjusseur. Or, chacun des codébiteurs solidaires pouvait, nous semble-t-il, invoquer avec autant de raison l'exception de dol, quand le créancier lui demandait le paiement de la dette contrairement au pacte *in rem* qu'il avait fait avec son codébiteur. Ceci, selon nous, ne pouvait faire l'objet d'un doute pour le cas où la dette solidaire provenait d'un contrat de bonne foi.

Jusqu'ici nous avons supposé qu'il n'existait aucun lien entre les codébiteurs solidaires, dont l'un avait fait un pacte avec le créancier; mais s'ils avaient été associés, les liens de société existant entre eux, auraient-ils modifié les effets du pacte de remise intervenu entre l'un d'eux et le créancier? Oui : dans ce cas tous les co-débiteurs auraient pu opposer au créancier le pacte qu'il avait fait avec l'un d'eux, et auraient eu pour cela l'exception *pacti conventi*. Il était, en effet, de principe que l'on pouvait invoquer la convention faite par autrui, lorsque l'exception accordée à celui qui l'invoquait devait tourner au profit de celui qui avait fait le pacte. Or, par suite de la société qui existait entre eux, les codébiteurs devant se tenir compte des dépenses qu'ils auraient faites pour les affaires sociales, le débiteur à qui le créancier avait accordé, soit un terme, soit une remise de la dette, avait intérêt à ce que ses codébiteurs pussent opposer au créancier l'exception résultant du pacte intervenu entre lui et celui-ci. « *Cum alio conventio fac-* » *ta prodest : sed tunc demum, cum per eum cui exceptio* » *datur, principaliter ei qui pactus est proficiat : sicut* » *in reo promittendi, et his qui pro eo obligati sunt.* » *Idem in duobus reis promittendi et duobus argenta-* » *riis sociis.* » (Paul. L. 23 et 25, D. *de Pactis.*)

Toutefois il en eût été autrement si le créancier avait ignoré la société qui existait entre les codébiteurs solidaires, ou s'il s'était réservé le droit de demander la dette aux autres, ou enfin s'il fût résulté des circonstances qui avaient accompagné la convention, que, dans l'intention des parties, la remise devait rester personnelle au débiteur à qui elle avait été faite : « *Per-*

» *sonale pactum alium non pertinere quemadmodum*
» *nec ad heredem Labeo ait.* »

Les principes que nous venons d'exposer vont nous
servir à résoudre une question très-controversée parmi
les commentateurs.

Lorsque le créancier avait reçu d'un des débiteurs
solidaires, divisément *et pour la part de celui-ci*, la
portion dont il était tenu dans la dette commune, il
était censé lui avoir fait, par un pacte tacite, remise de la
solidarité (L. 17 et 18, C. *de Pactis*), ceci n'est pas contesté. Mais, était-il censé avoir fait remise de la solidarité aux autres débiteurs, et ceux-ci pouvaient-ils exiger
qu'il divisât son action à leur égard? Voilà où est la controverse. Nous résoudrons cette question négativement
et voici pourquoi : Tout ce qu'on pouvait, selon nous,
conclure du paiement partiel reçu par le créancier, c'est
qu'il avait remis la solidarité au débiteur dont il l'avait
reçue, et cette remise tacite ne pouvait être considérée
que comme une simple convention puisqu'elle n'avait
été accompagnée d'aucun des faits qui constituent le
contrat. Or, le débiteur dont le créancier avait reçu la
part, étant libéré de son obligation, n'avait pas d'intérêt
à ce que le créancier demandât *divisément* à chacun de
ses codébiteurs sa part de la dette, au lieu d'attaquer
l'un d'eux pour la totalité du reliquat. Par conséquent,
celui que le créancier choisissait, ne pouvait lui opposer le pacte tacite qu'il avait fait avec son codébiteur.

Dans l'opinion contraire on argumente des termes de
la loi 18, C. *de Pactis*, ainsi conçue : « *Si creditores ves-*
» *tros ex parte debiti admisisse quemquam vestrum pro*
» *sua persona solventem probaveritis ; aditus rector*
» *provinciæ, pro sua gravitate ne alter pro altero exi-*
» *gatur providebit.* » Mais cette loi n'a pas le sens que
lui donnent les auteurs dont nous combattons la doc-

trine, elle signifie simplement que le créancier ne pouvait demander ultérieurement le reste de la dette à celui des créanciers dont il avait déjà reçu la part. « Il est » probable, dit Pothier (*Oblig.* n° 278), que dans l'espèce à propos de laquelle a été rendue cette Constitution, il n'y avait que deux débiteurs ; autrement, » l'empereur, au lieu de dire : « *Ne alter pro altero* » *exigatur,* » aurait dit : « *Ne unus pro altero exiga-* » *tur.* » Ajoutons que si cette loi avait le sens qu'on lui donne, elle serait en opposition avec la loi 27, § 4, *in fin.* D. *de Pactis,* ainsi conçue : « *Ante omnia ani-* » *madvertendum est ne conventio in alia re facta aut in* » *alia persona, in alia re, aliave persona noceat.* » Or il n'est pas probable que les rédacteurs des Pandectes aient inséré au Digeste un fragment en contradiction avec une Constitution impériale.

On fait encore une objection au système que nous soutenons. « L'obligation de tous les codébiteurs cor-» rés, dit-on, doit être la même ; or, il n'en serait pas » ainsi, si, après avoir demandé une part virile de la dette » solidaire à l'un d'eux, le créancier pouvait demander » à l'un des codébiteurs de celui-ci la totalité du reli-» quat. » La réponse est facile. S'il est vrai que tous les débiteurs corrés devaient être tenus de la même manière, et que l'obligation de l'un ne devait pas être plus étendue que celle de l'autre, c'est seulement en ce qui regardait le lien primitif, le contrat productif de solidarité. Mais, dès que tous les codébiteurs solidaires avaient été originairement tenus de la même manière, peu importait que le créancier eût, par une convention postérieure, étendu ou restreint l'obligation de l'un d'eux. (L. 9, § 1, D. *de duob. Reis.*)

Observons, en terminant, que si le créancier s'était borné à recevoir d'un des codébiteurs une portion de la dette, ou la lui avait demandée, sans spécifier que c'é-

tait pour sa part, il n'eût pas été censé lui avoir fait remise de la solidarité. C'est ce qui résulte de la loi 8, § 1,
D. *de Legatis* 1°, dans laquelle Pomponius nous dit, à
propos de deux codébiteurs d'un legs : « *Quid ergo si ab*
» *altero partem (creditor) petierit? Liberum cui erit ab*
» *alterutro reliquum petere? Idem erit et si alter par-*
» *tem solvisset.* »

SECTION V.

De la confusion.

Lorsque l'un des débiteurs solidaires succédait au
créancier commun, ou celui-ci à l'un des codébiteurs
solidaires, il s'opérait une confusion qui éteignait la
dette de ce débiteur (L. 75, L. 95, § 2, et L. 107, D.
de Solution.). Mais ses codébiteurs étaient-ils libérés ?
Non ; car si la confusion était un mode civil d'extinction des obligations, elle était loin, cependant, d'a-
voir les effets d'un paiement ; elle était un obstacle à
l'exécution de l'obligation, mais elle n'opérait pas véritablement l'extinction de la dette. Cela est si vrai que,
si cet obstacle venait à cesser, l'action renaissait. C'est
ainsi que, si l'héritier institué venait à être évincé de
l'hérédité, par suite d'une plainte d'inofficiosité, il re-
couvrait, contre celui qui l'avait évincé, les actions qu'il
avait originairement contre le défunt, et à l'exercice
desquelles la confusion qui s'était opérée en sa personne, par son adition d'hérédité, avait mis un obstacle momentané. (Pl. L. 21, § 2, D. *de inofficios. Testam.*)

Par conséquent si un des codébiteurs solidaires de
celui auquel le créancier avait succédé, avait prétendu
repousser l'action de ce dernier en lui disant : « Vous
» êtes censé vous être payé la dette de mon codébiteur
» solidaire dont vous êtes héritier, et par conséquent
» ma dette est éteinte, » il n'eût pas été écouté ; et le

créancier aurait pu lui répondre : « Les codébi-
» teurs solidaires ne sont en réalité que des débiteurs
» sous une condition alternative au choix du créancier;
» c'est cette élection qui détermine lequel a été le véri-
» table débiteur. Le droit que j'avais de choisir mon
» débiteur définitif, je l'exerce aujourd'hui et c'est sur
» vous que je fixe mon choix, par suite duquel votre co-
» débiteur défunt est censé ne m'avoir jamais rien dû. »
Aussi le jurisconsulte Paul nous dit-il : « *Sed cum duo*
» *rei promittendi sint, et alteri heres extitit creditor,*
» *justa dubitatio est, utrum alter quoque liberatus sit*
» *ac si soluta fuisset pecunia: an persona tantum exemp-*
» *ta, confusa obligatione? Et puto aditione hereditatis*
» *confusione obligationis eximi personam... Igitur al-*
» *terum reum ejusdem pecuniæ non liberari.* » (L. 71,
pr. D. *de Fidejus. et Mand.*)

Il en eût été de même si c'eût été l'un des débiteurs
solidaires qui eût succédé au créancier; car, si ses anciens
codébiteurs avaient prétendu que leur dette était éteinte
par la confusion qui s'était opérée en sa personne, il aurait pu leur dire : « J'ai hérité du droit qu'avait notre
» créancier commun de choisir entre nous le débiteur
» qui devait payer la dette, je fixe mon choix sur vous;
» je suis censé n'avoir pas été débiteur. »

Mais il n'en était plus ainsi lorsque les codébiteurs solidaires étaient associés (*socii*). Dans ce cas le créancier
qui avait succédé à l'un des débiteurs solidaires, ou le
débiteur qui avait succédé au créancier, ne pouvait poursuivre les autres que déduction faite de la part qu'il devait lui-même supporter dans la dette solidaire. En ne
le faisant pas, il s'exposait à voir sa demande repoussée
par l'exception de dol.

En effet, dans le premier cas le codébiteur du défunt
que le créancier actionnait pouvait lui dire : « Par suite
» de la société qui existait entre moi et mon codébiteur

» défunt, dont vous êtes héritier, celui-ci eût été tenu
» de me rembourser sa part dans la dette solidaire que
» j'aurais payée ; vous avez succédé à ses obligations
» (L. 63, § 2, D. *Pro socio*), par conséquent vous com-
» mettez un dol en me demandant toute la dette, puisque
» si je vous la payais vous seriez tenu de me rendre im-
» médiatement la part tombant à la charge de mon co-
» débiteur défunt. » (L. 8, D. *de Doli mali*.) Aussi Paul,
après nous avoir dit, dans le fragment cité plus haut,
que si le créancier succédait à l'un des codébiteurs solidaires, les autres n'étaient pas libérés, ajoute-t-il : « *Cum*
» *altero autem reo vel in solidum, si non fuerit societas,*
» *vel in partem, si socii fuerint, posse creditorem agere.*»
(L. 71, pr. D. *de Fidejus. et Mand.*)

Semblablement, si c'était l'un des débiteurs solidaires qui eût succédé au créancier commun, celui de ses
codébiteurs auquel il eût demandé toute la dette aurait
pu lui dire : « Par suite de la société qui existe entre nous
» vous devez supporter votre part de la dette solidaire,
» vous ne pouvez donc sans dol m'en demander la to-
» talité. »

Ces principes auraient reçu leur application lors même
que le créancier qui succédait à l'un des codébiteurs
solidaires associés, ou celui d'entre eux qui succédait
au créancier, n'eût été héritier que pour partie.

Mais, comme il est impossible d'en formuler les résultats d'une manière générale, nous allons passer en re-
vue plusieurs hypothèses dans lesquelles nous montre-
rons les effets des principes que nous venons d'exposer.

Supposons que ce fût le créancier qui eût succédé à
l'un des codébiteurs solidaires associés ; il pouvait, à son
choix, actionner soit chacun de ses cohéritiers pour leur
part dans la dette du défunt, soit l'un des codébiteurs
du défunt pour la totalité de la dette solidaire, déduction faite de la part que lui, créancier, devait supporter

dans la part de la dette solidaire tombant à la charge de son auteur.

Éclaircissons ceci par un exemple : *Primus*, *Secundus* et *Tertius*, entre lesquels il existe une société, sont débiteurs solidaires d'une somme de *trente* envers *Mœvius*. *Primus* meurt laissant deux héritiers, *Quartus* et le créancier *Mœvius*. Celui-ci aura deux partis à prendre : 1° il pourra, en sa qualité de créancier de la dette solidaire, en demander la moitié, c'est-à-dire *quinze* à son cohéritier *Quartus*; puis, par l'action *Pro socio*, en sa qualité d'héritier pour moitié de *Primus*, demander aux anciens codébiteurs de celui-ci, *Secundus* et *Tertius*, la moitié du tiers que chacun d'eux doit supporter dans la dette solidaire dont lui *Mœvius* est censé s'être payé la moitié à lui-même. Par conséquent, il demandera à chacun d'eux la moitié de *dix*, c'est-à-dire *cinq*. D'où il résulte qu'en résumé la confusion aura dans l'espèce éteint la dette pour *cinq*, c'est-à-dire pour un sixième. Cette multiplicité d'action pouvait avoir des avantages pour le créancier dans le cas très-rare où les codébiteurs de celui auquel il avait succédé étaient hors d'état de payer soit l'intégralité de la dette, soit l'intégralité de leur part dans cette dette.

En second lieu, et ce sera presque toujours le parti le plus avantageux, *Mœvius* pourra actionner *Secundus* ou *Tertius* pour la totalité de la dette, déduction faite de la part qu'il doit en supporter comme héritier pour moitié de *Primus*. Ainsi, dans l'espèce, la dette solidaire étant de *trente*, le tiers tombant à la charge de *Primus* est de *dix*, dont la moitié, que doit supporter *Mœvius*, est de *cinq*. Il pourra donc réclamer *vingt-cinq* à *Titius* ou à *Tertius*.

Maintenant si nous supposons que ce fût l'un des codébiteurs solidaires associés qui eût succédé au créancier, nous avons à distinguer s'il avait actionné ses codébiteurs avant ou après le partage de l'hérédité par l'action *Familiæ erciscundæ.*

Dans le premier cas il ne pouvait agir, contre celui de ses codébiteurs qu'il actionnait, que pour sa part dans la créance du défunt, et déduction faite de la part qu'il devait supporter dans la dette solidaire. Prenons pour exemple l'espèce posée ci-dessus, et supposons que *Primus* ait succédé avec *Quartus* au créancier *Mœvius. Primus,* n'étant héritier que pour moitié, n'aurait pu actionner *Secundus* ou *Tertius,* ses codébiteurs, que pour la moitié de la dette solidaire de *trente,* c'est-à-dire pour *quinze.* Mais, étant codébiteur de *Secundus* et *Tertius,* il devait supporter un tiers de la dette; par conséquent, dans l'espèce, il n'aurait pu poursuivre *Secundus* ou *Tertius* que déduction faite du tiers de la moitié de créance dont il avait hérité, c'est-à-dire pour *dix;* car en demandant les *quinze* à l'un d'eux, il se fût exposé à voir sa demande repoussée par l'exception de dol. (L. 8. D. *de Doli mali.*)

Il est évident que *Primus* aurait encore pu demander à *Secundus* et *Tertius* la moitié de la part que chacun d'eux devait supporter dans la dette solidaire, c'est-à-dire *cinq* à chacun d'eux. Remarquons encore que si le cohéritier de *Primus, Quartus,* avait demandé la moitié de créance dont il a hérité à *Secundus* ou à *Tertius,* celui des deux qui l'aurait payée aurait pu à son tour en réclamer le tiers, c'est-à-dire *cinq* à *Primus.*

Mais si *Primus* n'avait actionné l'un de ses codébiteurs qu'après le partage de l'hérédité de *Mœvius,* et que le juge de l'action *Familiæ erciscundæ* lui eût attribué la totalité de la créance du défunt, il aurait pu agir contre *Secundus* ou *Tertius* pour toute la dette, déduction faite du tiers qu'il devait supporter, c'est-à-dire pour *vingt.* Mais sur cette somme il eût dû restitituer *quinze* à *Quartus* son cohéritier qui n'eût pas manqué de lui dire : « Vous êtes censé avoir reçu la » totalité de la créance de *trente* qui appartenait au dé- » funt *Mœvius*, vous n'avez pu le faire que partie en » votre nom, partie comme mon mandataire, restituez- » moi la moitié de cette somme, c'est-à-dire *quinze*. » (Gai. L. 3. D. *Fam. ercisc.*)

Ici se présente une autre question : Si l'un des dé- biteurs solidaires avait succédé à son codébiteur, y aurait-il eu confusion des deux obligations ? Non. En effet, pour que la réunion de deux qualités sur la même tête, amenât l'extinction des droits ou obligations qui y étaient attachés, il fallait qu'il y eût incompatibi- lité entre ces droits et obligations. C'est ce qui avait lieu quand les qualités de débiteur et de créancier, de fidéjusseur et de débiteur principal d'une même dette, venaient à se réunir sur la même tête, (L. 5, D. *de Fide- jus. et Mand.*). Mais, lorsque deux obligations de même nature et étendue se réunissaient sur la même tête, il y avait *adjection*, et non *confusion* des deux obligations. (L. 93, § 2. D. *de Solution.*) Par conséquent, dans l'es- pèce qui nous occupe, l'obligation du débiteur défunt se serait réunie à celle de son héritier, lequel eût sup- porté les deux obligations. C'est ce que nous dit la loi 13, D. *de duobus Reis.*

Cette concurrence des deux obligations sur la même tête était, dans certains cas, avantageuse au créancier; car, si le débiteur survivant avait une exception quel- conque pour repousser sa demande, il pouvait en éviter les effets en l'actionnant au nom de son codébiteur dé- funt. (L. 93, pr. D. *de Solution.*)

SECTION VI.

De la compensation.

Celui des codébiteurs solidaires auquel le créancier ne devait rien, pouvait-il opposer à celui-ci la compensation du chef de son codébiteur ?

Nous avons exposé ci-dessus les règles de la compensation en droit Romain, nous n'y reviendrons pas; nous rappellerons seulement que pour la solution de la question qui nous occupe il fallait distinguer si le contrat qui avait produit l'obligation était un contrat de bonne foi ou un contrat de droit strict.

Si la dette solidaire provenait d'un contrat de bonne foi, la question ne pouvait se présenter, car, dans ce cas, la compensation rentrait dans l'office du juge qui devait en tenir compte, et ne condamner le défendeur qu'au reliquat. D'ailleurs, comme elle n'avait lieu que pour des dettes et créances réciproques, provenant du même contrat, *ex pari causa* (Gai. Com. 4, § 61 et 63); chacun des codébiteurs solidaires pouvait l'invoquer de son chef, puisque le créancier ne pouvait devoir à l'un, par suite du contrat corréal, sans devoir en même temps aux autres.

Si, au contraire, la dette solidaire provenait d'un contrat de droit strict, la question pouvait se présenter, mais elle devait être résolue négativement. En effet, dans les contrats de droit strict, la compensation se faisait valoir au moyen de l'exception de dol (*Inst.* L. 4, t. VI, § 30), car on avait admis que celui qui demande ce qu'il sera forcé de rendre immédiatement, commettait un dol (L. 8, D. *de Doli mali.*) D'où il suit que la compensation ne pouvait avoir lieu, dans ce cas, qu'entre des dettes et créances respectives, ayant pour objet des choses de même nature et fongibles (*ex pari specie*).

D'ailleurs, peu importait la cause de ces dettes ou
créances respectives (L. 6, D. *de Compensat.*), fût-ce
même une obligation naturelle. Or, les codébiteurs solidaires étant, en principe, indépendants les uns des autres, il est évident que celui que le créancier avait actionné, ne pouvait prétendre que celui-ci commettait un
dol en ne défalquant pas de sa demande ce qu'il devait
à son codébiteur, car la dette du créancier envers celui-ci était chose étrangère au débiteur actionné.

Il en eût été ainsi lors même que les codébiteurs solidaires eussent été associés. En effet, la société qui pouvait exister entre les codébiteurs solidaires, les obligeait
simplement à se tenir compte réciproquement de ce
qu'ils avaient dépensé ou reçu pour le profit commun ;
elle ne faisait pas que la créance de l'un fût celle de l'autre, et elle ne leur donnait pas le pouvoir d'exercer respectivement les actions les uns des autres (L, 74 et 82,
D. *Pro socio*). Sans doute, le préteur donnait quelquefois à des associés le droit d'exercer les actions de leur
associé, mais ce ne pouvait être que *utilitatis causa*, et
lorsqu'ils ne pouvaient sauver leurs intérêts qu'en agissant directement contre le tiers avec qui celui-ci avait
traité : encore fallait-il pour cela que l'associé dont ils
voulaient exercer les actions pût être considéré comme
leur mandataire ou *institor*, et eût contracté pour les
affaires sociales (L. 1 et 2. D. *de Instit. Act.*). Comment
donc celui des codébiteurs solidaires associés que le
créancier actionnait, aurait-il pu prétendre compenser
avec sa dette ce que celui-ci devait à son codébiteur ?
Nous ne le voyons pas. Quelle eût été en effet la sanction de cette prétention ? Est-ce la déchéance du créancier pour cause de plus-pétition ? Evidemment non,
puisqu'il ne devait rien au débiteur qu'il avait actionné.
Etait-ce l'exception de dol ? pas davantage, puisque ce
ne pouvait être que par une faveur spéciale que le dé-

biteur eût pu être admis à exercer contre lui les actions de son codébiteur, et que par conséquent il ne pouvait prétendre que le créancier lui demandait ce qu'il serait forcé de lui rendre immédiatement. Par conséquent le créancier ne pouvait jamais être forcé de déduire de sa demande ce qu'il pouvait devoir au codébiteur de celui qu'il actionnait. C'est pour cela qu'Ulpien nous dit, d'une manière générale, que le créancier n'est pas forcé de compenser, avec sa créance, ce qu'il doit à un autre qu'à son débiteur, quand même son créancier consentirait à cette compensation. « *Creditor* » *compensare non cogitur, quod alii quam debitori suo* » *debet ; quamvis creditor ejus pro eo, qui convenitur ob* » *debitum proprium, velit compensare.* » (L. 18, § 1, D. *de Compensat.*) Le même principe est reproduit dans la loi 9 C. *de Compensationibus.*

Cependant nous trouvons au Digeste un fragment de Papinien qui dit formellement le contraire; c'est la loi 10, D. *de duobus Reis*. Mais, ce texte étant inapplicable sous le système de la procédure formulaire, comme le prouvent les explications que nous venons de donner, il y a tout lieu de croire qu'il a été remanié par Tribonien, qui aura voulu le mettre en rapport avec la législation de Justinien. Vainement voudrait-on argumenter contre nous de la loi 4, C. *de Compensationibus*, en disant que la compensation ayant lieu de plein droit, en vertu de la Constitution d'Alexandre Sévère, il était naturel que le débiteur actionné par le créancier, pût lui opposer la compensation de ce qu'il devait à son codébiteur, puisque la dette solidaire s'était trouvée éteinte jusqu'à concurrence de la créance de celui-ci, du jour où elle avait pris naissance. Cette argumentation est facile à renverser : en effet, s'il était vrai que la dette solidaire se fût, dans ce cas, éteinte de plein droit jusqu'à concurrence de la dette du créancier

envers l'un des débiteurs solidaires, chacun d'eux eût
pu invoquer cette extinction de la dette, quand même
il n'y aurait eu entre eux aucune espèce de société; et
par conséquent, à ce point de vue, la loi 10, D. *de duobus Reis*, est encore incompréhensible, puisqu'elle exige
que les codébiteurs soient associés pour pouvoir opposer la compensation du chef les uns des autres. En
outre, la Constitution d'Alexandre Sévère étant postérieure de douze ans au moins à la mort de Papinien, il
est contestable que le principe qu'elle pose fût généralement admis au temps de ce jurisconsulte. D'ailleurs
il est à remarquer que l'argument qu'on en voudrait
tirer pèche encore par un autre côté, car elle ne dit pas
qu'il y a eu une extinction réelle des dettes et créances
respectives du jour de leur coexistence, mais seulement
qu'il faudra considérer cette extinction comme ayant
eu lieu à cette époque, pour opérer la compensation et
calculer les intérêts du reliquat. Au surplus, le créancier eût toujours pu dire au débiteur : « Que parlez-
» vous de compensation? J'ai le droit de choisir entre
» les débiteurs solidaires celui qui doit me payer, et
» dès que mon choix est fait, les autres sont censés ne
» m'avoir jamais rien dû. »

De quelque côté que l'on envisage la question, il est
donc impossible d'expliquer la loi 10, D. *de duobus Reis,*
au point de vue des principes en vigueur au temps de
Papinien; c'est ce qui nous porte à croire qu'elle a été
remaniée par les rédacteurs des *Pandectes*, d'autant
plus qu'elle s'explique facilement au point de vue de la
législation et de la procédure en vigueur au temps de
Justinien. En effet, les *Judicia extraordinaria* ayant, à
cette époque, remplacé la procédure formulaire, les affaires se jugeant sans qu'il fût besoin de formules ni
d'exceptions, et la plus-pétition n'entraînant plus la déchéance du demandeur, les anciens principes, en ma-

tière de compensation, se trouvaient inapplicables. Aussi Justinien, donnant une application plus large à la compensation, décida-t-il qu'elle aurait lieu de plein droit (*ipso jure*) dans toutes les actions soit de droit strict, soit de bonne foi, excepté celle de dépôt, et que le juge devrait en tenir compte, pourvu que les deux dettes fussent liquides et qu'il lui fût facile d'en opérer la compensation (*Inst.*, L. 4, t. VI, § 30; L. 14, C. *de Compensat.*).

Le principe de la compensation de plein droit étant ainsi généralisé et étendu, on considéra que le créancier qui actionnait un des codébiteurs poursuivait indirectement les autres, et comme il n'était plus besoin de recourir à des exceptions, ni d'invoquer la plus-pétition pour faire valoir la compensation, il devint équitable de permettre au débiteur poursuivi par le créancier, d'opposer à celui-ci la compensation de ce qu'il devait à son codébiteur. D'ailleurs, à cette époque, le créancier, tout en poursuivant un des codébiteurs conservant son droit contre les autres, ne pouvait plus se refuser à la compensation sous le prétexte qu'il n'était plus, ou qu'il n'avait jamais été créancier de ceux du chef desquels on prétendait lui opposer la compensation. C'est pour cela que Tribonien fait dire à Papinien : « *Si duo* » *rei promittendi socii non sint, non proderit alteri,* » *quod stipulator alteri reo pecuniam debet.*» (L. 10, D. *de duob. Reis.*) Les mots *socii non* ont dû, comme on le voit, être intercalés par Tribonien, et vraisemblablement le texte original devait être ainsi conçu : *Si duo rei stipulandi sint, non proderit alteri quod stipulator alteri reo pecuniam debet.* Peut-être nous dira-t-on, en argumentant des lois 4, D. *de Compensationibus* et 28, C. *de Fidejussoribus*, que sous Justinien il n'était pas nécessaire que les codébiteurs solidaires fussent associés pour pouvoir invoquer la compensation du chef les uns des autres, puisqu'à cette époque, les codébiteurs solidaires pouvant être considérés comme fidéjusseurs les uns des autres, il s'ensuivait qu'ils devaient, en tout état de cause, pouvoir invoquer la compensation du chef les uns des autres. La réponse est facile ; car, s'il était vrai que le fidéjusseur pût opposer au créancier la compensation de ce que celui-ci devait au débiteur principal, ce dernier ne pouvait opposer au créancier celle de ce que celui-ci devait au fidéjusseur. Or, celui des codébiteurs que le créancier attaquait était toujours regardé comme le débiteur principal, puisque Justinien ne lui avait pas accordé le bénéfice de discussion qu'il avait donné au fidéjusseur en remettant en vigueur un ancien principe introduit par Papinien. (*Nov.* 4 cp. 1).

SECTION VII.

De la demande en justice, et du jugement.

Le jugement intervenu entre le créancier et l'un des débiteurs solidaires libérait-il les autres ?

Nous avons exposé ci-dessus quels étaient les effets de la demande en justice et du jugement à l'époque de la procédure formulaire. Nous avons vu que dans les actions légitimes, personnelles, et conçues *in jus*, l'obligation primitive se trouvait éteinte, non-seulement par la sentence du juge, mais même par le seul effet de la *litis contestatio*, tandis que dans toutes les autres actions, l'obligation primitive continuait de subsister même après la condamnation du débiteur, et l'exécution de la condamnation par celui-ci, lequel ne pouvait repousser une seconde action du créancier, qu'au moyen de l'exception *rei judicatæ*, ou *rei in judicium deductæ*. Or, cette exception ne pouvant en principe avoir lieu que lorsque le même litige se représentait entre les mêmes personnes (L. 3, L. 7, § 4, et L. 22,

D. de except. rei judicat.), il en résultait qu'elle ne pouvait jamais appartenir aux codébiteurs solidaires de celui qui avait été actionné primitivement, fussent-ils associés. En sorte que si on avait dû, pour trancher la question que nous avons posée ci-dessus, s'en référer uniquement aux règles de la procédure, on serait arrivé à ce résultat très-injuste, que chacun des codébiteurs solidaires aurait pu être actionné par le créancier, bien que ses codébiteurs eussent été poursuivis, et eussent exécuté la condamnation, puisque cette condamnation avait pour objet non la chose due, mais une indemnité pécuniaire. Mais il n'en était pas ainsi; car les principes que nous venons d'exposer étaient dominés par cet autre, que s'il était vrai qu'il y eût autant d'obligations que de codébiteurs solidaires, ces différentes obligations n'ayant néanmoins qu'un seul et même objet, il ne pouvait y avoir, pour en poursuivre l'exécution, qu'une seule action que le créancier pouvait diriger à son gré contre celui des débiteurs qu'il lui plaisait d'actionner, mais qu'il ne pouvait plus, une fois ce choix fait, diriger contre aucun autre. En d'autres termes, chacun des codébiteurs solidaires n'était, pour ainsi dire, obligé que sous la condition que le créancier ne demanderait pas la dette aux autres, et, dès qu'il avait poursuivi l'un des débiteurs, les autres étaient libérés. C'est ce que prouve la loi 116, D. *de verborum Obligationibus* : « Si après » avoir stipulé *dix* de Titius, nous dit Paul au rapport » de Papinien, je stipule de Mævius *tout ce que je ne* » *pourrai obtenir de Titius*, Mævius ne sera pas libéré » parce que j'aurai demandé les *dix* à Titius. En effet, » ajoute Papinien, *Mævius et Titius ne sont pas deux* » *codébiteurs solidaires;* par conséquent, la demande » intentée contre Titius ne libérera pas Mævius, qui ne » doit que sous la condition que Titius ne payera pas. »

Il faut conclure *a contrario* de ce fragment de Papinien, que nous venons d'analyser, que si Mævius s'était obligé solidairement avec Titius, il eût été libéré par la demande en justice dirigée contre celui-ci.

Par conséquent, dès que le créancier avait poursuivi l'un des codébiteurs solidaires, il ne pouvait plus obtenir d'action contre les autres. Toutefois, s'il niait avoir actionné l'un des débiteurs, et que le fait fût douteux, le juge lui accordait l'action, mais il insérait dans la formule une exception pour le cas où l'affaire aurait déjà été portée en justice. C'est ce que prouve le passage suivant d'Ulpien, qui nous dit, d'après Labeon : « *Si plures* » *mihi in solidum pro evictione teneantur, deinde post* » *evictionem cum uno fuero expertus, si agam cum cœ-* » *teris exceptione me esse repellendum* (L. 51, § 4, D. de *Eviction.*). » Ainsi, par extraordinaire, l'exception était dans ce cas donnée au défendeur pour repousser une action aussi peu fondée en droit qu'en équité.

De ce qui précède nous devons conclure non-seulement que le jugement rendu entre le créancier et l'un des débiteurs solidaires libérait les autres, mais encore qu'il en était ainsi de la simple demande en justice. C'est ce qui résulte encore de la loi 2, D. *de duobus Reis*, car ce texte parlant tout à la fois des créanciers et des codébiteurs solidaires, il y a lieu de sous-entendre après le mot *unius* les mots *vel ab uno*.

Toutefois, l'opinion que nous soutenons est controversée ; on oppose dans la doctrine contraire les lois 1, § 43, D. *Deposit: vel Contr.* et 8, § 1, D. *de Legat.* 1°. Mais ces textes ne peuvent avoir le sens que leur donnent nos adversaires, c'est ce que prouve la loi 28, C. *Fidejussoribus.* Dans cette Constitution Justinien décide que le créancier en actionnant l'un des codébiteurs solidaires ne perdra pas le droit de poursuivre les autres jusqu'à l'entier paiement de la dette. Or, si ce principe eût été établi, comme on le prétend, dans la jurisprudence romaine, au temps de Pomponius et d'Ulpien, Justinien n'eût pas eu besoin de promulguer une constitution pour l'établir.

Dira-t-on que dans cette constitution Justinien n'établit pas un droit nouveau, mais tranche une question débattue entre les anciens jurisconsultes ? Cela nous paraît inadmissible ; car, toutes les fois que Justinien tranche d'anciennes controverses, il a soin de nous en avertir, et ici il ne nous dit rien de semblable. Au contraire les termes dont il se sert « *constituimus,* » « *non concedentes,* » indiquent la création d'un droit nouveau. D'ailleurs il a soin de nous dire qu'il établit, par sa constitution, ce qui avait lieu ordinairement par suite des conventions spéciales qui intervenaient entre les parties : « *Invenimus enim, et in fidejussorum cautionibus* » *plerumque ex pacto hujusmodi causæ esse prospec-* » *tum.* » Or, s'il intervenait à cet égard des stipulations particulières entre les parties, c'est que le principe introduit par la constitution de Justinien n'existait pas dans la législation.

Maintenant nous allons examiner quelle est la portée des deux textes qu'on nous oppose : les explications dans lesquelles nous allons entrer compléteront celles que nous venons de donner, et nous serviront plus tard, quand nous examinerons comment se formait la corréalité passive, à trancher une question très-controversée.

Le premier de ces textes est ainsi conçu : « *Si apud* » *duos sit deposita res adversus unumquemque eorum* » *agi poterit : nec liberabitur alter si cum altero aga-* » *tur : non enim electione sed solutione liberantur.* » (L. 1, § 43, *Deposit. vel contr.*) Tout ce que l'on peut, selon nous, inférer de ce fragment d'Ulpien, c'est que, pour un motif d'équité, et par respect pour la fidélité

due au dépôt, on avait fait à cet égard une exception
aux règles ordinaires de la solidarité. Ceci n'a rien
d'étonnant, et nous avons vu, ci-dessus, que Justinien
avait fait encore en faveur du dépôt une exception aux
règles de la compensation. Remarquons encore que,
dans le texte que nous citons, Ulpien a soin d'ajouter
spécialement que les codébiteurs solidaires du dépôt ne
sont pas libérés par le choix du créancier, mais par le
paiement : ce qui prouve bien qu'en règle générale,
les codébiteurs solidaires étaient libérés par l'élection
du créancier. Ce texte n'infirme donc pas le système
que nous soutenons plus haut ; c'est, nous pouvons le
dire, une de ces exceptions qui confirment la règle.

Quant au second texte qu'on nous oppose (la loi 8, D.
de Legat. 1°), il nous paraît avoir été remanié par Tribonien, qui aura voulu mettre ce fragment de Pomponius en rapport avec la législation de Justinien. Il est
ainsi conçu : « *Si ita scriptum sit, Lucius Titius heres*
» *meus, aut Mœvius heres meus decem Seio dato : cum*
» *utro velit Seius aget : ut si cum uno actum sit et so-*
» *lutum alter liberetur : quasi si duo rei promittendi*
» *in solidum obligati fuissent.* » Les mots « *et solutum* »
nous paraissent avoir été intercalés dans ce texte lors
de la rédaction du Digeste, car ils jurent avec le dernier membre de phrase « *quasi si duo rei promittendi*
» *in solidum obligati fuissent.* » Or, nous avons démontré que sous le système de la procédure formulaire il
était des cas où l'obligation qui avait donné lieu à l'action se trouvait éteinte par le seul effet de la *litis contes-*
tatio ; d'où il résulte que le texte qu'on nous oppose, n'a
pu être écrit par Pomponius tel qu'il est inséré au Digeste, car on ne peut supposer que ce jurisconsulte se soit
exprimé d'une manière aussi générale, et ait formulé une
règle qui eût été souvent en contradiction avec les principes de la procédure alors en vigueur. D'ailleurs il est

à remarquer que ce texte, qui s'explique si mal au point de vue de la législation du temps où il aurait été écrit, qui est en contradiction avec tous les textes que nous avons cités, et qui émanent de jurisconsultes de la même époque, cadre parfaitement avec les principes en vigueur au temps de Justinien, puisqu'à cette époque la procédure formulaire avait disparu, et que la *litis contestatio* n'opérait plus de novation. Ce texte est surtout en parfaite harmonie avec la constitution 28, C. *de Fidejussoribus* qui à elle seule suffirait pour réfuter la doctrine que nous combattons. Il faut donc reconnaître que ce texte a été remanié par les rédacteurs des Pandectes. Mais peut-on dire que, si ce texte est en opposition avec ceux que nous avons cités, s'il est insuffisant pour établir la doctrine que nous combattons, il ne s'ensuit pas nécessairement qu'il ait été remanié par les rédacteurs des Pandectes, et qu'on peut au moins en conclure qu'en matière de testament on faisait une exception à la règle générale ? Nous ne le pensons pas, car, s'il y eût eu là une exception à la règle générale, Pomponius n'eût pas dit que les codébiteurs du legs en question étaient dans la position de deux codébiteurs solidaires. D'ailleurs le *principium* de la loi 9, D. *de duobus Reis*, et la loi 25, D. *de Legatis* 3° ne reproduisent nullement cette exception.

SECTION VIII.

Du serment.

Nous avons exposé, ci-dessus, les règles générales du serment en droit romain. Nous avons vu que le serment était judiciaire ou extrajudiciaire ; mais ici pas plus qu'en matière de solidarité active nous n'avons à nous occuper du serment judiciaire, car dès l'instant qu'il y avait eu demande en justice contre un des codébiteurs solidaires, les autres étaient libérés. Mais nous aurons à examiner les effets du serment extrajudiciaire tant à l'égard du débiteur qui l'avait prêté, qu'à l'égard de ses codébiteurs. Le serment extrajudiciaire, renfermant en soi, comme nous l'avons déjà dit, une sorte de transaction, faisait loi entre les parties et leurs ayants cause ; il avait même, à ce que nous dit Paul, plus d'autorité que la chose jugée (L. **2**, D. *de Jurejur.*), et dès qu'il avait été prêté, le fait était établi, et il n'y avait plus à y revenir (L. **1**, D. *de Jurejur.* — 56, D. *de Re judic.* — 1 pr. D. *Quar. rer. act.*). Par conséquent si le serment avait été déféré par le créancier au débiteur, touchant l'extinction de la dette, et que celui-ci l'eût prêté, la dette eût été éteinte, et le préteur eût refusé toute action à cet égard (L. **7**, D. *de Jurejur.*). C'est à ce point de vue qu'il est vrai de dire que le serment équivaut à un paiement. (Gai. L. **27**, D. *de Jurejur.*) Il en était de même si le serment déféré au débiteur lui avait été remis ; c'est-à-dire si le créancier lui en avait fait grâce au moment où il se disposait à le prêter. (L. **5**, § 4, — L. 6 et 9, § 1, D. *de Jurejur.*). Par conséquent, si un des codébiteurs solidaires avait, sur la délation du créancier, juré avoir payé la dette, ou si le créancier lui avait fait remise du serment, ce serment ou cette remise de serment aurait profité à tous ses codébiteurs, puisque, le fait du paiement étant établi, la dette se trouvait éteinte à l'égard de tous (*Inst.* L. 3, T. 16, § 1). Il est évident qu'il en eût été de même si le débiteur avait juré que la dette était éteinte par tout autre mode du droit civil. Aussi Paul nous dit-il : « *Ex duobus reis ejusdem pecuniæ alter juravit? alteri quoque prodesse debebit.* » D'où il suit que dès que le serment avait été prêté par l'un des codébiteurs solidaires, ou qu'il lui avait été remis, le préteur refusait l'action contre tous les autres, à moins toutefois que la prestation ou la remise du serment ne fût niée par le

créancier, auquel cas le préteur, en accordant l'action
au créancier, accordait à tous les débiteurs l'exception
juris jurandi. (L. 9 pr. et § 1, D. *de Jurejur.*)

Mais si le serment, que le créancier avait déféré à
l'un des codébiteurs solidaires, portait non sur l'extinction de la dette, mais sur l'existence même de l'obligation, profitait-il aux autres? Il faut distinguer : Si le
débiteur avait simplement juré qu'il ne devait pas, son
serment ne profitait pas à ses codébiteurs (L. 42, § 1, D.
de Jurejur. et 1, § 3, D. *Quar. rer. act.*). Mais s'il avait
juré que ni lui ni ceux que le créancier prétendait être
ses codébiteurs ne devaient, ce serment leur profitait, à
moins, bien entendu, que le créancier ne lui eût déféré
le serment que quant à l'existence de la dette à son
égard (L. 3, § 4, D. *de Jurejur.*). Il y avait en effet ici
une transaction qui faisait loi entre les parties, et de
même que le débiteur devait prêter le serment dans
les termes dans lesquels il lui avait été déféré, de même
le créancier devait admettre les conséquences d'un serment dont il avait dicté les termes.

Maintenant, si nous supposons que c'était l'un des
codébiteurs solidaires qui avait déféré le serment au
créancier sur l'existence de la dette, déciderons-nous de
même que dans l'espèce précédente? Non, car aucun
des codébiteurs solidaires n'avait qualité pour déférer le
serment au créancier commun au nom des autres. Le
serment que prêtait celui-ci sur la délation de l'un des
codébiteurs solidaires, était le résultat d'une convention
particulière, et ne pouvait par conséquent nuire aux
autres. « *Privatis pactionibus non dubium est non lœdi
» jus cæterorum.* » (L. 3, D. *de Transact.*). Ce serment
ne pouvait pas plus préjudicier aux codébiteurs de celui
qui l'avait déféré, que le jugement rendu contre celui-
ci ou la transaction qu'il aurait faite avec le créancier
(L. 1 et 2, C. *Inter alios acta.*).

Toutefois, il en eût été autrement si celui des débiteurs qui avait déféré le serment au créancier, eût été soit le mandataire général des autres chargé de l'administration de tous leurs biens, soit leur procureur muni d'un mandat spécial à cet effet (L. 17, § 3, D. *de Jurejur.*).

SECTION IX.

Du compromis.

Le compromis intervenu entre le créancier et l'un des codébiteurs solidaires pouvait-il être invoqué par les autres ou contre eux ? Non. En effet, le compromis n'était, comme nous l'avons expliqué ci-dessus, qu'un simple pacte, qui n'avait par lui-même aucune force, et ne devenait obligatoire que par la stipulation d'une peine que les parties se promettaient réciproquement pour le cas où elles ne se présenteraient pas devant l'arbitre, ou contreviendraient à sa sentence. Par conséquent, le compromis ne pouvait nover l'obligation primitive, ni donner lieu à l'action *judicati* (L. 1 et 2, C. *de Receptis*), et ses effets se bornaient à entraîner pour la partie qui y contrevenait, l'obligation de payer la peine promise (L. 2, D. *de Receptis*). Il suit de là que le compromis ne pouvait avoir aucun effet à l'égard des codébiteurs de celui qui y avait été partie, puisqu'ils n'avaient pas promis la peine et qu'on ne la leur avait pas promise. Mais il en était autrement lorsque les codébiteurs solidaires étaient associés, et si l'arbitre avait défendu au créancier de demander la dette à celui des débiteurs avec qui il avait compromis, sa sentence eût indirectement profité aux autres, car le créancier ne pouvait leur demander la dette sans encourir la peine promise par lui à leur codébiteur. En effet, par suite de la société qui existait entre les codébiteurs solidaires, le créancier ne pouvait demander le paiement à l'un d'eux, sans être censé le demander en même temps à celui avec lequel il avait compromis, puisque celui-ci eût été tenu de rembourser à son codébiteur une partie de la somme par lui payée au créancier. (Pl. L. 34, D. *de Receptis.*)

Nous avons vu ci-dessus que Justinien avait créé en cette matière une législation nouvelle (qu'il abrogea ensuite par la *Novelle* 82) et d'après laquelle le compromis devenait obligatoire, sans aucune stipulation de peine, lorsqu'il avait été accompagné du serment des parties d'obéir à la sentence de l'arbitre, et du serment de celui-ci de juger d'après l'équité. Sous l'empire de cette législation, le compromis intervenu entre le créancier et l'un des débiteurs solidaires ne pouvait non plus avoir d'effet à l'égard des codébiteurs de celui-ci, car la sentence de l'arbitre, qui aurait rejeté les prétentions du créancier, n'avait pas pour effet d'éteindre la dette, puisqu'elle ne donnait au débiteur que l'exception *pacti conventi* (L. 5, C. *de Receptis*). Mais il en était autrement lorsque les codébiteurs solidaires étaient associés, car, dans ce cas, les codébiteurs de celui qui avait compromis, pouvaient opposer au créancier l'exception résultant du pacte qu'il avait fait avec leur codébiteur, puisque cette exception devait tourner au profit de celui-ci (L. 23 et 25 pr. D. *de Pactis*). Mais si l'arbitre avait condamné le débiteur à payer la dette solidaire, le créancier, bien qu'il eût une action *in factum* en vertu du compromis (L. 5, C. *de Receptis*), ne pouvait agir contre les autres débiteurs en vertu de la sentence de l'arbitre, car c'était à leur égard *res inter alios acta.*

SECTION X.

De la transaction.

La transaction intervenue entre le créancier et l'un des codébiteurs solidaires profitait-elle aux autres? Il faut distinguer : Si la transaction avait lieu au moyen de la stipulation Aquilienne, ou même de la stipulation ordinaire quand la dette provenait d'un contrat *verbis*, il en résultait une novation qui éteignait l'obligation primitive (L. 4, D. *de Transact.*), et par conséqnent tous les codébiteurs se trouvaient libérés.

Si, au contraire, elle n'était faite que par simple pacte, elle n'avait d'effet qu'à l'égard du créancier et du débiteur entre qui elle était intervenue. A l'égard des autres elle était *res inter alios acta*, et, comme les codébiteurs solidaires n'avaient en principe aucun lien entre eux, ils ne pouvaient invoquer contre le créancier une convention qui n'avait pas éteint la dette, et dans laquelle ils n'avaient pas été partie. Il en eût été ainsi lors même que la transaction aurait reçu un commencement d'exécution de la part de leur codébiteur, car, si le contrat réel qui résultait de ce fait, donnait à celui de qui il émanait une action *præscriptis verbis*, il n'avait pas néanmoins le pouvoir de nover l'obligation primitive, puisque la novation contractuelle ne pouvait résulter que d'une stipulation, ou d'un contrat *litteris* (Ulp. L. 1, § 1, D. *de Novat.* — Gai. Com. 3, § 129).

Toutefois la transaction intervenue, par simple pacte, entre le créancier et l'un des débiteurs solidaires, profitait aux codébiteurs de celui-ci lorsqu'il y avait entre eux une société ; car alors le débiteur qui avait transigé, avait intérêt à ce que le créancier ne demandât pas le paiement de la dette aux autres, et il était de principe que le pacte fait par un des codébiteurs solidaires profitait aux autres quand celui-ci y avait intérêt (L. 23 et 25, pr. D. *de Pactis*).

Mais si la transaction, au lieu d'améliorer la position des codébiteurs de celui qui avait transigé, l'avait aggravée, le créancier eût-il pu l'invoquer contre eux ? Non, à moins que celui des débiteurs qui avait transigé

n'eût reçu des autres un mandat spécial à cet effet.
(L. 60 et 63, D. *de Procurator.*)

SECTION XI.

De la perte de la chose et de la demeure.

Nous avons exposé ci-dessus dans quels cas la perte
de la chose due libérait le débiteur, et dans quels cas
le créancier ou le débiteur se trouvaient en demeure.

Nous avons vu que la perte de la chose due arrivée
sans la faute du débiteur, libérait celui-ci envers le
créancier. D'où il suit que si la chose due périssait par
cas fortuit, tous les codébiteurs solidaires étaient libérés. Mais si elle avait péri par la faute de l'un d'eux,
les autres étaient-ils libérés ? Non, si nous en croyons
le fragment suivant de Pomponius, tel qu'il est inséré
au Digeste : « *Ex duobus reis ejusdem Stychi promit-*
» *tendi factis, alterius factum alteri quoque nocet.* »
(L. 18, D. *de duob. Reis.*)

Cette décision nous paraît en opposition avec le
principe que les codébiteurs solidaires sont étrangers
les uns aux autres. On ne peut guère, non plus, la faire
concorder avec ce que dit un autre fragment du même
jurisconsulte, la loi 23, D. *de verborum Obligationibus;*
d'où il résulte que c'est seulement quand la chose a
péri par la faute du débiteur que celui-ci est tenu de sa
perte, et qu'il eût été libéré si elle avait péri par le fait
d'un autre.

La loi 18, D. *de duobus Reis* est encore en contradiction avec le *principium* et le § 4 de la loi 91, D. *de verb.
Oblig.*; d'où il résulte que le débiteur n'est pas obligé
de veiller à la conservation de la chose, mais seulement
de ne pas la détruire, et que les seules personnes qui
puissent, par leur fait, perpétuer l'obligation sont le
débiteur principal et le fidéjusseur. Encore ne l'avait-

on admis à l'égard de ce dernier qu'après discussion et pour qu'il ne pût se libérer lui-même par son propre délit.

La seconde phrase du § 1 de la loi 9, D. *de duobus Reis* vient encore contredire la loi 18 de ce titre : « Si » deux dépositaires d'une même chose, nous dit Papi- » nien, ont promis de répondre de leur faute, et qu'un » pacte intervenu, par la suite, entre le créancier et » l'un d'eux, l'ait déchargé de cette obligation, la cor- » réalité continuera de subsister entre lui et son codé- » positaire. En conséquence, s'ils sont associés et ont à » se reprocher *une faute commune*, le pacte fait par l'un » avec le créancier profitera aussi à l'autre. » Il ré- » sulte, *a contrario*, de ce fragment de Papinien, que si la faute n'eût pas été commune aux deux déposi- taires, celui-là seul qui l'eût commise en eût été tenu. En effet, si, en principe, les codébiteurs solidaires eus- sent répondu de la faute les uns des autres, Papinien n'aurait pas eu besoin de supposer, dans l'exemple qu'il nous donne, que les codépositaires avaient commis une faute commune.

Enfin la loi 18, **D.** *de duobus Reis* est en désaccord complet avec les lois 32, § 4, D. *de Usuris et fructibus et mora*, et 173, § 2, D. *de Regulis juris*, qui disent que la demeure de chacun des codébiteurs solidaires ne nuit qu'à lui seul. Comment donc, en présence de tous ces textes, expliquer la loi 18, D. *de duobus Reis?* Po- thier, il est vrai, essaie de le faire dans son traité des Obligations (n° 273-3°), en disant que la dette de chacun des codébiteurs solidaires étant une seule et même dette, elle ne peut subsister à l'égard de l'un, et être éteinte à l'égard de l'autre. Mais ce raisonnement pèche par la base, car il suppose que l'obligation pri- mitive continue de subsister même après la perte de la chose due, quand cette perte est arrivée par la faute du

débiteur, ou, ce qui revient au même, après sa demeure, car alors il est en faute. Or, cela est inexact :
dès l'instant que la chose due a péri, l'obligation primitive est éteinte par la force des choses, dans tous les
cas possibles, car elle est devenue inexécutable. Seulement, quand cette perte est arrivée par la faute du
débiteur, la dette primitive est remplacée immédiatement par une dette de dommages et intérêts, car le
débiteur est tenu d'indemniser son créancier du préjudice qu'il lui a causé par sa faute. Le raisonnement
que fait Pothier est encore vicieux, en ce sens qu'il
suppose que les codébiteurs solidaires sont liés envers
le créancier par un seul et même lien, par une seule et
même obligation ; or, nous avons démontré que chacun
des débiteurs était lié envers le créancier par une obligation particulière, et que l'obligation de l'un pouvait
être éteinte et celle de l'autre subsister.

La loi 18, D. *de duobus Reis* est donc inexplicable au
point de vue des principes du droit antérieur à Justinien, et il faut admettre que lorsque la chose due solidairement, par plusieurs personnes, venait à périr, la
dette solidaire était complétement éteinte, même lorsque cette perte était arrivée par la faute d'un des codébiteurs. Quant à la dette de dommages et intérêts qui la
remplaçait, elle ne pouvait peser que sur le débiteur
qui était en faute. Pour que ses codébiteurs en fussent
tenus avec lui, il eût fallu, d'après les textes que nous
avons cités, que la corréalité qui existait entre eux les
fît considérer comme fidéjusseurs les uns des autres ;
or, c'est ce qui est inadmissible en présence du *principium* de la loi 11, D. *de duobus Reis*, et de la loi 10 du
même titre combinée avec la loi 4, D. *de Compensationibus*. De ce qui précède, nous devons conclure que la
décision de Pomponius dans la loi 12, D. *de duobus Reis*
n'est qu'une opinion isolée, ou, ce qui est beaucoup

plus probable, que ce texte a été remanié par Tribonien, qui aura remplacé par le mot « *quoque* » la négation « *non* » qui devait se trouver dans le texte original.

En effet, sous Justinien, les codébiteurs solidaires n'étant libérés que par le paiement intégral de la dette, et le créancier ayant le droit de les poursuivre successivement jusqu'à entière satisfaction (L. 28, C. *de Fidejus.*), ils pouvaient être considérés comme fidéjusseurs les uns des autres, et par conséquent la loi 18, D. *de duobus Reis*, incompréhensible au point de vue des principes généralement admis au temps de Pomponius, s'explique parfaitement quand on la considère par rapport à la législation de Justinien. Ce rapprochement nous paraît prouver d'une manière certaine que ce texte a été remanié par les rédacteurs des Pandectes. D'où il suit que dans l'ancien droit romain le fait d'un des codébiteurs solidaires ne pouvait préjudicier aux autres.

Toutefois, si les codébiteurs solidaires eussent été associés et que le créancier n'eût pu autrement sauvegarder ses intérêts, il aurait eu une action utile contre les codébiteurs de celui qui avait fait périr la chose due, pourvu que cette chose fût la chose d'autrui, ou une chose appartenant en propre au débiteur qui l'avait fait périr, ou ne l'avait pas livrée au créancier qui la demandait avant qu'elle eût péri. Dans ce cas, en effet, la perte de la chose due eût profité aux codébiteurs de celui qui l'avait fait périr, et il aurait pu leur demander leur part de la valeur de la chose qu'il avait payée au créancier. Ainsi il eût pu leur dire : « Si j'avais donné à notre » créancier la chose que nous lui avions promise, vous » auriez dû me rembourser chacun votre part de la va- » leur de cette chose. En la détruisant je vous ai libérés » envers lui ; par conséquent, vous devez m'indemni- » ser, car en éteignant votre dette j'en ai contracté une » autre. »

Mais il n'en eût pas été ainsi, pensons-nous, si la chose qui avait péri eût appartenu à la société, car alors sa perte n'eût pas profité aux codébiteurs de celui qui l'avait fait ou laissée périr, et il n'aurait pu leur demander leur part de la valeur d'une chose qu'ils avaient perdue, ni de l'indemnité qu'il aurait dû payer au créancier (Gai., L. 72, D. *pro Socio.*)

La demeure (*mora*) est le retard que le débiteur apporte au paiement de sa dette contrairement au droit. Elle avait pour effet de mettre les risques de la chose due à la charge du débiteur (L. 12, § 3, D. *Deposit.* et 108, § 11, *de Legat.* 1°), et de faire courir contre lui les intérêts (L. 11, §4, L. 32, § 2 et L. 41, 1°, D. *de Usuris.*) Le débiteur se trouvait en demeure par le seul défaut de paiement, à l'époque voulue, lorsque la dette était à échéance fixe, ou lorsqu'elle avait pour objet une restitution à faire par suite d'un délit. Dans ce dernier cas tous les codébiteurs solidaires se trouvaient en demeure en même temps ; mais dans le premier cas il n'en était pas ainsi quand les codébiteurs s'étaient obligés à des termes différents, ou que les uns l'étaient sous condition, et les autres purement et simplement. Dans ce cas ceux-là seuls étaient en demeure dont l'obligation était échue. Au contraire, lorsque la dette n'était pas à échéance fixe, le débiteur ne se trouvait en demeure que par l'interpellation du créancier (L. 32, pr. *de Usuris*). Mais, dès que le créancier avait interpellé un des codébiteurs solidaires, tous les autres se trouvaient-ils en demeure si celui-ci ne payait pas ? Non, car les codébiteurs solidaires étant en principe indépendants les uns des autres, celui-là seul pouvait être en demeure, qui avait été interpellé par le créancier ; et il en eût été ainsi quand même ils eussent été associés, car la société qui pouvait exister entre les codébiteurs solidaires, était chose étrangère au créancier et ne pouvait changer directement leur position à son égard. D'où il suit que quand la dette solidaire n'était pas à échéance fixe il n'y avait que le débiteur interpellé par le créancier qui fût tenu des intérêts moratoires, ainsi que de la perte de la chose arrivée fortuitement, après sa mise en demeure. C'est ce que prouvent encore les deux fragments suivants, tirés de Marcien et de Paul : « *Sed si duo rei pro-* » *mittendi sint, alterius mora alteri non nocet.* » (Marc. L. 32, § 4, *de Usuris.*) « *Unicuique sua mora nocet :* » *quod et in duobus reis promittendi observatur.* » (L. 173, § 2, D. *de Reg. jur.*)

Dumoulin et Pothier (*Obl.* n° 273-3°), pour concilier ces deux textes avec la loi 18, D. *de duobus Reis*, restreignent le sens que nous leur donnons, et ne les appliquent qu'aux intérêts moratoires qui auraient pu être dus au créancier par suite du retard apporté au paiement, et leur refusent toute application en cas de perte de la chose due survenue après la demeure d'un des débiteurs. Ils expliquent cette restriction en disant que si la faute d'un des codébiteurs solidaires ne préjudiciait pas aux autres, c'était seulement en ce qui touche l'aggravation de l'obligation (*ad augendam obligationem*); mais qu'elle leur préjudiciait relativement à la conservation de l'obligation (*ad conservandam obligationem*). Mais pour admettre l'existence, en droit romain, d'un principe aussi important, et qui eût été en désaccord avec les règles générales de la solidarité au temps des jurisconsultes dont les fragments sont insérés au Digeste, il faudrait un texte positif; or, ni Dumoulin ni Pothier n'en invoquent aucun à l'appui de leur opinion. Si la règle qu'ils prétendent établir eût existé en droit romain, les codébiteurs solidaires eussent été, en ce qui touche la conservation de la chose, fidéjusseurs les uns des autres, ce qui est inadmissible en présence des textes que nous avons cités. (Voy. les lois 24, §§ 1 et

4, D. *de verb. Ob.,* — 10 et 11, § 1, D. *de duobus Reis;* — 4, D. *de Compensationibus.*)

Remarquons encore que la généralité des termes des lois 32, § 4, *de Usuris,* et 173, § 2, D. *de Regulis juris,* exclut l'idée d'une exception aussi importante à la règle qu'elles formulent. Il n'y a donc pas à chercher de conciliation entre ces lois et la loi 18, D. *de duobus Reis,* qui a dû être modifiée par les rédacteurs des Pandectes.

Maintenant il nous reste à voir quels étaient les effets de la mise en demeure du créancier par un des codébiteurs solidaires. Profitait-elle aux autres? Oui, car dès l'instant que des offres de paiement avaient été faites au créancier, qui avait refusé de recevoir la chose due, elle était à ses risques, et la dette était tenue pour payée, eût-elle pour objet non un corps certain, mais une somme d'argent. (L. 72, pr. D. *de Solutionibus.*)

SECTION XII.

De la prescription.

Nous avons exposé ci-dessus les principes généraux de la prescription libératoire, qui, inconnue dans l'ancien droit romain, ne fut introduite dans la lé---lation romaine que sous le Bas-Empire, par les empereurs Honorius et Théodose, qui établirent la prescription de trente ans pour les actions civiles (c'est-à-dire fondées sur une loi, un sénatus-consulte ou une constitution), lesquelles étaient auparavant perpétuelles. « *Hæ autem* » *actiones annis triginta continuis extinguantur, quæ* » *perpetuæ videbantur, non illæ quæ antiquis tempori-* » *bus limitabantur.* » (L. 3, C. *de Præscript. trigint.*)

Nous avons à examiner ici, si les poursuites dirigées contre l'un des codébiteurs solidaires, ou la reconnaissance de la dette faite par celui-ci, interrompaient la prescription à l'égard des autres? Justinien, dans la constitution 5, C. *de duobus Reis*, décide cette question affirmativement. Cette décision, contraire aux anciens principes, s'explique parfaitement sous Justinien à l'égard des codébiteurs solidaires qui, d'après les constitutions de ce prince, pouvaient être considérés comme fidéjusseurs les uns des autres. Justinien la justifie par un motif d'équité tiré de ce que l'obligation solidaire provenait d'un contrat unique. « *Nobis pietate* » *suggerente videtur esse humanum semel in uno eodem-* » *que contractu qualicunque interruptione, vel agni-* » *tione adhibita omnes simul compelli ad persolvendum* » *debitum sive plures sint rei, sive unus : sive plures* » *sint creditores, sive non amplius quam unus.* » (L. 5, C. *de duob. Reis.*)

CHAPITRE IV.

Comment s'établissait à Rome la solidarité passive.

D'après les Institutes, pour qu'il y eût solidarité entre plusieurs copromettants, il fallait que le créancier interrogeât d'abord tous ceux qu'il voulait obliger solidairement envers lui, et qu'une fois toutes ces interrogations terminées ceux-ci répondissent successivement : Je le promets. « *Duo pluresve rei promittendi ita fiunt :* » *Mœvi quinque aureos dare spondes? Sei eosdem quin-* » *que aureos dare spondes? Si respondissent singuli se-* » *paratim spondeo.* » (*Inst.* L. 3, t. 16 pr.)

Mais avant Justinien on s'attachait plutôt, si nous en croyons Ulpien, à l'intention des parties qu'à ce formalisme rigoureux, et peu importait que les réponses aient eu lieu soit isolément après chaque interrogation, soit successivement ou simultanément après toutes les

interrogations, pourvu que l'intention des parties ont
été de s'obliger solidairement (L. 3 pr. et L. 4, D. *de
duob. Reis*). Cependant la question de formes n'était pas
complétement indifférente, et il fallait, pour qu'il y eût
corréalité entre les promettants, que toutes les interrogations et réponses eussent lieu dans le même temps et
sans divertir à d'autres actes. En conséquence, si de deux
futurs copromettants l'un avait répondu le jour où
avaient eu lieu les interrogations du stipulant, et l'autre
le lendemain, il n'y aurait pas eu corréalité entre eux,
et même le second n'eût pas été du tout obligé : la stipulation ayant été nulle à son égard pour défaut de con-
tinuité entre l'interrogation et la réponse. (L. 12 pr. D.
de duob. Reis, et 137, D. *de verb. Ob.*)

Toutefois s'il ne s'était écoulé, entre les diverses interrogations ou réponses, qu'un espace de temps peu
considérable, et si les actes qui avaient eu lieu pendant
cet intervalle étaient peu importants, et n'avaient rien
de contraire à l'obligation des promettants, ceux-ci eussent été néanmoins corrés. C'est ce qui serait arrivé,
par exemple, dans le cas où, entre les réponses de
deux des promettants, aurait eu lieu l'interrogation
et la réponse d'un fidéjusseur. (L. 6, § 3, D. *de duob.
Reis.*)

Pour qu'il y eût solidarité entre deux ou plusieurs
copromettants, il fallait encore que les obligations
qu'ils contractaient eussent le même objet, et fussent
de même étendue; en sorte que si, en faisant un dépôt
entre les mains de deux personnes, le déposant fût convenu avec l'une qu'elle répondrait de sa simple faute,
il n'y aurait eu entre les dépositaires aucune corréalité.

*« Sed si quis in deponendo penes duos, paciscatur ut
» ab altero culpa quoque præstaretur : verius est non esse
» duos reos, à quibus impar suscepta est obligatio.* »
(Pap. L. 9, § 1, D. *de duob. Reis*).

Toutefois cette règle ne faisait pas obstacle à ce que l'un des copromettants s'obligeât purement et simplement, tandis que l'autre ne s'était obligé que sous condition ou à terme (L. 7, D. *de duob. Reis*), ni à ce que des personnes domiciliées dans des endroits différents promissent de payer en un même lieu, ce qui obligeait à leur accorder des délais différents pour exécuter l'obligation (L. 9, § 2, D. *de duob. Reis*), ni, enfin, à ce qu'une convention postérieure au contrat productif de solidarité, vînt aggraver ou diminuer l'obligation d'un des codébiteurs corrés; car cette convention postérieure ne pouvait changer la nature du contrat originaire d'où était résultée la corréalité.

D'où il suit que si les deux dépositaires corrés dont nous parlions tout à l'heure, avaient originairement répondu de leur faute, et que le créancier eût déchargé l'un d'eux de cette promesse, postérieurement au contrat, la corréalité eût continué de subsister entre eux (L. 9, § 1, D. *de duob Reis*.)

Il n'est pas douteux non plus que le créancier n'eût pu exiger un fidéjusseur d'un des codébiteurs solidaires, et n'en pas demander à l'autre (L. 6, § 1, D. *de duob. Reis*). Toutefois, il fallait pour cela que la réception du fidéjusseur eût eu lieu au moment du contrat corréal, car si elle avait eu lieu postérieurement, elle eût constitué une novation, du moins au temps de Justinien (*Inst.*, L. 3, T. 29, § 3). Avant lui il n'en était pas ainsi; l'adjection d'un *sponsor* avait seule pour effet de nover l'obligation principale lorsqu'elle avait lieu postérieurement au contrat; et cela se conçoit, car, la *sponsio* devant nécessairement accompagner le contrat principal, il fallait procéder à un nouveau contrat verbal, pour ajouter postérieurement un *sponsor* à l'obligation (Gai. Com. 3, § 177).

Lorsque plusieurs personnes s'obligeaient solidairement, l'obligation de l'une n'était pas censée contractée sous la condition que l'autre s'obligerait également. Par conséquent, si le stipulant avait interrogé plusieurs personnes successivement, et que l'une d'elles seulement eût répondu, elle eût été obligée à toute la dette, bien que les autres ne se fussent pas obligées avec elle (L. 6, pr. D. *de duob. Reis*).

De même si Mœvius, par exemple, avait stipulé les mêmes *dix* de Titius et d'un pupille non autorisé de son tuteur, Titius seul eût été obligé, bien que la stipulation eût eu lieu de façon à ce qu'il y eût corréalité entre le pupille et Titius. (L. 12, § 1, D. *de duob. Reis.*)

Nous avons vu que pour que la corréalité résultât d'un contrat, il n'était pas nécessaire, avant Justinien, que les parties s'en expliquassent formellement ; il suffisait que leur intention résultât clairement de la forme ou des circonstances du contrat. Mais il n'en était pas ainsi de l'écrit (*instrumentum*) destiné à constater le contrat. A cet égard les jurisconsultes étaient divisés. Selon Papinien, l'écrit devait contenir la mention expresse que les parties s'étaient obligées solidairement, à défaut de quoi les promettants étaient censés s'être obligés chacun pour leur part (L. 11, § 2, D. *de duob. Reis*). Suivant Ulpien, cette mention expresse n'était même pas nécessaire, et il fallait rechercher l'intention des parties, et ce qui s'était passé entre elles. C'est ce qu'il décide (L. 8, D. *de duob. Reis*) à propos d'un écrit constatant en ces termes une stipulation : « *Ea quæ « præstari stipulanti tibi spopondimus.* » Ulpien suppose que l'un des deux promettants était absent au moment de la rédaction de l'écrit ; et il décide que celui qui a été présent sera seul obligé, soit pour le tout, si l'on reconnaît que le contrat a eu pour objet de créer deux codébiteurs solidaires, soit pour sa part dans le

cas contraire. « *His verbis interesse quid inter contra-*
» *hentes actum sit; nam si duo rei facti sint, eum qui*
» *absens fuit non teneri : præsentem autem in solidum*
» *esse obligatum : aut si minus, in partem forte obstric-*
» *tum.* »

La corréalité pouvait exister entre plusieurs débiteurs non-seulement par suite de stipulations civiles
ou prétoriennes (L. 14, D. *de duob. Reis*), mais encore
par suite de tout autre contrat, tels que vente, louage,
commodat (L. 9, *de duob. Reis*), mutuum (L. 17, § 2,
ad SC. Vel.), mandat (L. 60, § 2. D. *Mandat.*), et
même d'un testament (L. 9, D. *de duob. Reis.*), d'un
constit. (L. 162, pr. D. *de Constit.*) et d'un quasi-délit
(L. 1, § 10; L. 2 et 3, D. *de his qui effud.*). Mais il n'en
était pas ainsi des quasi-contrats, au moins en ce qui
regarde la tutelle. (L. 1, §§ 10, 11 et 12, *de Tut.
et Rat.*)

Il y avait solidarité passive entre plusieurs personnes
par suite d'une vente ou d'un louage, lorsque plusieurs
personnes achetaient ou louaient en commun une même
chose (L. 47, D. *Locat.* et 5, § 15, D. *Commod.*). Il est
à remarquer toutefois que dans ces deux contrats, et
probablement dans la plupart des contrats de bonne foi,
on considérait surtout, quant à la corréalité, l'intention
des parties et que la solidarité y était bien moins rigou-
reuse que dans les contrats de droit strict, puisque les
codébiteurs corrés, lorsqu'ils étaient tous solvables, pouvaient exiger que le créancier ne les poursuivît que chacun pour sa part, excepté lorsqu'il consentait à céder à
celui qu'il poursuivait pour la totalité de la dette, ses actions contre les autres (L. 47, D. *Locati*).

Semblablement si deux personnes empruntaient ensemble une même chose, une voiture par exemple, elles
étaient corrées et répondaient solidairement de la voiture et des détériorations qui pouvaient y survenir par

suite de leur dol et leur faute, ou de leur manque de soin (L. 5, § 15, D. *Commodati*).

On oppose la loi 21, § 1, du même titre, mais c'est à tort; car l'espèce est toute différente, puisqu'il s'agit d'un soldat qui, à l'armée, a prêté à ses compagnons de tente des ustensiles de ménage pour être employés à l'usage et au péril commun. Il est clair que le commodant doit ici supporter sa part de risques, et qu'il ne peut agir solidairement contre des débiteurs qui ne sont pas plus en faute que lui.

Le dépôt fait entre les mains de deux personnes les rendait corrées, lorsqu'on leur avait remis simultanément une même chose, en la confiant, pour le tout, à la foi de chacune d'elles (L. 9, pr. D. *de duob. Reis*). Dans ce cas le déposant pouvait agir solidairement contre chacune d'elles pour la restitution du dépôt.

Toutefois, comme Ulpien nous dit (L. 1, § 43, D. *Depositi*) que le dépositaire actionné ne pouvait se libérer, ni libérer son codépositaire qu'autant qu'il restituait la totalité du dépôt, des auteurs en ont conclu qu'il n'y avait pas entre les codépositaires solidarité proprement dite, mais seulement obligation *in solidum;* car, disent-ils, l'un des caractères principaux de la solidarité, c'est que les poursuites dirigées contre un des codébiteurs solidaires libèrent les autres. Cette argumentation est en opposition complète avec le passage suivant d'un fragment de Papinien : « *Eandem rem apud duos pariter* » *deposui, utriusque fidem in solidum secutus; fiunt* » *duo rei promittendi.* »(L. 9, pr. D. *de duob. Reis.*)Sans doute, en règle générale, les poursuites dirigées contre un des codébiteurs solidaires libéraient les autres, mais si, par une faveur spéciale, que motivait suffisamment la foi due au dépôt, on avait accordé au déposant le droit de poursuivre successivement tous les dépositaires jusqu'à entière satisfaction, ce n'était là qu'une exception qui ne peut servir de base à une classification, qui, toute judicieuse qu'elle soit, a été vraisemblablement inconnue des jurisconsultes romains. Si la distinction de l'obligation solidaire et de l'obligation *in solidum* eût été admise en droit romain, on la trouverait nettement formulée dans les textes du Digeste ; on y trouverait deux expressions différentes pour désigner l'obligation solidaire et l'obligation *in solidum* ; or le silence qu'ils gardent à cet égard est d'autant plus significatif que le *principium* de la loi 9, D. *de duob. Reis* est contraire à cette classification.

Il pouvait y avoir solidarité entre plusieurs personnes, par suite d'un *mutuum*, lorsqu'elles avaient emprunté ensemble et en commun une certaine somme d'argent, ou une certaine quantité de choses fongibles. C'est ce qui résulte de la loi 17, § 2, D. *ad S. C^{um} Velleianum*, et des lois 5 et 12, C. *Si certum petatur*. Le premier de ces textes nous dit que si une femme et Titius avaient emprunté simultanément une certaine somme, pour leurs affaires communes, ils seraient devenus codébiteurs solidaires de cette somme (*ejusdem pecuniæ rei facti sunt*), et que la femme n'eût pas été censée avoir intercédé pour son associé, si cet argent avait été employé à la conservation du fonds commun, par exemple à la restauration d'une maison qui tombait en ruine ; mais que, s'il en eût été autrement, si, par exemple, la somme empruntée avait été employée à faire des acquisitions en commun, la femme en s'obligeant solidairement avec Titius, eût été censée avoir intercédé pour lui pour la moitié de la somme empruntée, et que le créancier n'aurait pu lui demander que l'autre moitié de la somme. D'où nous concluons que, dans le cas contraire, la femme eût pu être actionnée pour le tout. Par conséquent la corréalité pouvait résulter d'un *mutuum*. Nous devons ajouter, pour l'intelligence de ce texte, que le sénatus-consulte Velléien défendait aux femmes de s'obliger pour autrui. Or, quand la somme empruntée avait été employée à faire des acquisitions communes dont la moitié devait revenir à Titius, la femme, en s'obligeant solidairement, était censée l'avoir cautionné pour moitié de la somme empruntée et son obligation était nulle pour moitié.

Quant aux lois 5 et 12, C. *Si certum petatur*, elles prouvent *a contrario* qu'une obligation solidaire pouvait résulter d'un *mutuum*; car puisqu'elles supposent que plusieurs personnes ont reçu un *mutuum* pour partie et se sont obligées de même (*non in solidum*), il en résulte évidemment que ces personnes auraient pu recevoir le *mutuum* pour le tout (*in solidum*), et s'obliger de même.

La solidarité passive pouvait encore exister, par suite d'un mandat, soit entre les mandataires, soit entre les mandants. Ainsi, lorsqu'une personne avait confié à plusieurs autres indivisément l'administration de ses affaires, ces personnes étaient tenues solidairement envers leur mandant de l'action *mandati directa* (L. 60, § 2, D. *Mandati*). Pareillement, deux mandants pouvaient se trouver solidairement tenus envers leur mandataire commun. En effet, si nous supposons que deux ou plusieurs personnes voulant emprunter solidairement une certaine somme d'argent, Titius avait, de leur consentement, mandé à un tiers de leur en prêter, elles eussent été censées avoir donné mandat à Titius de les cautionner (L. 6, § 2; L. 18 et 53, D. *Mandati*), et celui-ci, après avoir remboursé le prêteur, aurait pu recourir pour le tout contre celui des emprunteurs qu'il lui eût plu d'actionner. Il avait à cet effet l'action *mandati contraria* (L. 71, D. *de Fidejuss.*).

Un testament pouvait, avons-nous dit, créer plusieurs codébiteurs solidaires, c'est ce qui avait lieu lorsque le

testateur avait chargé alternativement deux ou plusieurs
de ses héritiers de la totalité d'un legs ; par exemple, s'il
avait dit : *«Titius aut Mœvius Sempronio decem dato* (1),»
ou bien : « *Lucius Titius heres meus, aut Mœvius heres*
» *meus decem Seio dato.* » (L. 2, pr. D. *de duob. Reis* ;
L. 8, § 1, D. *de Legat.* 1° ; L. 25, D. *le Legat.* 3°.)

Des auteurs, argumentant de ces mots de la loi 8, § 1,
D. *de Legatis* 1° : « *Ut si cum uno actum sit et solutum al-*
» *ter liberetur,* » prétendent qu'il n'y a pas une véritable
solidarité entre les héritiers chargés alternativement de la
totalité du legs, mais seulement obligation *in solidum.*
Nous avons déjà dit qu'il n'y a pas à distinguer en droit
romain entre l'obligation solidaire et l'obligation *in so-*
lidum ; cette distinction, fort judicieuse d'ailleurs, est
toute moderne, et n'a jamais, selon toute vraisemblance,
été connue des jurisconsultes romains. Au surplus, nous
croyons avoir démontré ci-dessus (pag. 114) que les mots
et solutum, de la phrase que nous venons de citer, ont dû
être intercalés dans le fragment de Pomponius, par
les rédacteurs des Pandectes qui auront voulu mettre ce
texte en harmonie avec la législation de Justinien. D'ailleurs, le *principium* de la loi 9, D. *de duobus Reis*, et la
loi 25, D. *de Legatis* 3°, montrent clairement qu'il s'agit
ici d'un véritable cas de solidarité.

Lorsque deux ou plusieurs banquiers , ou toutes autres personnes , promettaient simultanément de payer
à jour fixe une même somme à la même ou aux mêmes
personnes, il y avait corréalité entre les promettants qui
se trouvaient, par suite de ce constitut, tenus solidairement du paiement de la somme constituée. « *Si duo,*
quasi duo rei, constituerimus, vel cum altero agi poterit

<hr>

(1) Le *principium* de la loi 9 D. *de duob. Reis*, tel qu'il est inséré au Digeste, dit : *Titius et Mœvius* ; mais c'est évidemment
là une faute, résultat de l'erreur d'un copiste qui aura mis « *et* »
pour « *aut.* » Les autres textes que nous citons en sont la preuve.

in solidum. » (Ulp. L. 16, D. *de Pecun. Constit.*) Toutefois, sous Justinien, le créancier devait diviser entre eux son action lorsqu'ils étaient tous solvables. (L. 3, *C. de Constit. Pecun.*)

Il pouvait encore y avoir solidarité passive, entre plusieurs personnes, par suite d'un quasi-délit. Ainsi, quand plusieurs personnes habitaient en commun une maison, ou un appartement, d'où l'on avait jeté ou versé sur la voie publique, des choses dont la chute avait porté préjudice à quelqu'un, elles étaient tenues solidairement de la réparation du préjudice causé (L. 1, §§ 3 et 10; L. 2, L. 3, L. 5, D. *de his qui effuder.*). Il en eût été de même, si elles avaient suspendu au-dessus de la voie publique un objet dont la chute aurait pu nuire aux passants : elles eussent été tenues solidairement de l'amende (*Inst.* L. 4, t. 5, § 1).

Il n'en était pas de même d'un délit. Quand plusieurs personnes se réunissaient pour commettre un délit, pour voler une poutre par exemple, elles étaient toutes, il est vrai, tenues pour le tout de l'action de vol (L. 21, § 9, D. *de Furtis*); mais, néanmoins, elles n'étaient pas corrées, car l'action de vol n'avait pas pour but la restitution de l'objet volé, mais une peine pécuniaire. Or, comme on ne peut commettre un délit pour partie, il y avait autant de vols commis que de voleurs, bien qu'il n'y eût qu'un objet volé, et, par conséquent, chacun de ceux qui avaient concouru à ce vol devait subir la peine de son délit. C'est pour cela que l'action intentée contre l'un ne libérait pas les autres (L. 1, § 19, D. *Is qui testam.* L. 47, t. IV).

La peine du vol était du double ou du quadruple de l'intérêt que le propriétaire ou l'usufruitier avait à ce que la chose ne fût pas volée. La peine était du quadruple en cas de vol manifeste, du double dans le cas contraire (L. 46, §§ 1 et 2, D. *de Furtis*). Le vol était manifeste quand le voleur avait été pris, soit en flagrant délit, soit sur le lieu du crime, soit dans tout autre endroit s'il était encore nanti de l'objet volé, pourvu qu'il ne l'eût pas porté à sa destination (*Inst.* L. 4, t. I, § 3).

DEUXIÈME PARTIE.

DROIT FRANÇAIS.

DE LA SOLIDARITÉ EN MATIÈRE CIVILE.

INTRODUCTION.

Nous avons exposé dans la première partie de cette Thèse les principes du Droit romain en matière de solidarité. Nous allons maintenant exposer, parallèlement et dans le même ordre, les principes généraux de notre Droit civil en cette matière. Nous écarterons de cet exposé tout ce qui a trait au droit commercial et au droit criminel ; car l'examen des questions qui s'y rattachent nous entraînerait trop loin et excéderait les bornes nécessairement restreintes d'un opuscule de la nature de celui-ci. Nous serons même obligé, tout en restreignant ainsi notre sujet, de négliger certaines questions de détail pour ne pas trop étendre le cadre de cette dissertation. Nous avons encore un autre motif d'agir ainsi : c'est que le sujet qui nous occupe a été traité déjà plusieurs fois en droit français, tant dans les commentaires généraux du Code civil, que dans des ouvrages spéciaux émanés d'hommes qui font autorité dans la science ; et nous n'avons pas, élève à peine échappé des bancs de l'école, la prétention de venir perfectionner l'œuvre de nos maîtres. A quoi bon laborieusement répéter ce que d'autres ont dit mieux que nous ?

Nous avons donné, dans les préliminaires de la première partie de cette dissertation, une idée générale de l'obligation en Droit romain. Ce que nous avons dit à ce sujet peut s'appliquer en général au Droit français ; cependant nous devons y apporter quelques restrictions. Ainsi, chez nous, il n'y a pas à distinguer entre les *pactes* et les *contrats;* entre le droit des citoyens et le droit des étrangers. Toute convention ayant pour but de créer une obligation, c'est-à-dire d'astreindre une personne à une prestation quelconque envers une autre personne, est un contrat et a pour effet de lier les parties et de faire loi entre elles, sans qu'il soit besoin, pour lui donner force, d'aucun des faits accessoires qui étaient nécessaires à Rome pour que la convention devînt un contrat. Par conséquent, nous n'avons pas à distinguer les contrats en contrats *réels verbaux* ou *littéraux*, puisque chez nous toute convention est un contrat.

La solidarité est une modalité des obligations multiples quant à leur sujet actif ou passif. Cette modalité pouvant porter sur l'un ou l'autre sujet de l'obligation, et même sur tous les deux quand l'obligation est multiple tout à la fois quant à son sujet actif et quant à son sujet passif, il est impossible d'en donner une définition générale. Nous aurons donc, tant pour définir la solidarité que pour en exposer les effets, à examiner si elle porte sur le sujet actif ou sur le sujet passif de l'obligation. De là, deux sortes de solidarités : solidarité active, ou solidarité entre créanciers ; solidarité passive, ou solidarité entre débiteurs.

Considérée au point de vue de sa cause génératrice, la solidarité se divise en solidarité légale et solidarité conventionnelle. La solidarité conventionnelle est celle qui résulte de la convention des parties, quels que soient, du reste, les termes dans lesquels elle est formulée. La solidarité légale est celle qui résulte, dans certains cas, de la seule volonté de la loi, en dehors de toute convention expresse ou tacite des personnes entre lesquelles se forme le lien solidaire. Cette solidarité imposée par la loi n'a jamais lieu qu'entre les personnes qui sont le sujet passif d'une même obligation ; c'est-à-dire, entre codébiteurs. En aucun cas, elle n'a lieu entre cocréanciers. Ainsi, la solidarité passive peut être conventionnelle ou légale, tandis que la solidarité active est toujours conventionnelle. C'est de cette dernière que nous allons nous occuper dans le chapitre suivant.

CHAPITRE PREMIER.

De la solidarité active et de ses effets.

SECTION Ire.

Principes généraux.

D'après l'article 1198 du Code civil, il y a solidarité entre plusieurs créanciers « lorsque le *titre* donne ex-
» pressément à chacun d'eux le droit de demander le
» paiement du total de la créance, et que le paiement
» fait à l'un d'eux libère le débiteur, *encore que le bé-*
» *néfice de l'obligation* soit partageable et divisible

« entre les divers créanciers. » Cet article renferme plusieurs vices de rédaction. Ainsi, en le prenant à la lettre, on serait tenté de croire que la solidarité résulte non de la convention des parties, mais du *titre* qui la constate. Or, ce serait là une grave erreur, le titre ne peut pas plus donner naissance à la solidarité qu'à la créance pure et simple. Ce qui produit la solidarité comme la créance, c'est la convention des parties. Le *titre* n'est d'aucune utilité pour la validité du contrat ; il n'est nécessaire que pour en prouver l'existence quand la créance qui en est résultée, est d'une valeur au-dessus de 150 francs (art. 1341).

Il ne faut pas non plus prendre à la lettre les mots « *encore que le bénéfice de l'obligation soit partageable et divisible entre les divers créanciers.* »

Il semblerait en résulter que c'est là une exception, et qu'en principe le bénéfice de la créance ne se divise pas entre les cocréanciers solidaires, mais il n'en est rien. Chez nous, contrairement à ce qui avait lieu en droit romain, le bénéfice de la créance se divise de plein droit entre les cocréanciers solidaires, et pour que le contraire eût lieu, c'est-à-dire pour que le bénéfice de la créance appartînt en entier à celui des créanciers qui le premier aurait poursuivi le débiteur, ou accepté ses offres de paiement, il faudrait une convention expresse des parties, et cette convention sera bien rare.

A quoi bon cette prime extraordinaire accordée à la diligence de l'un des créanciers ? Comprend-on une créance dont le bénéfice est, entre les divers cocréanciers, en quelque sorte le prix de la course ? Il en était ainsi, il est vrai, en droit romain, mais cela, ne dépendait pas de la volonté des parties ; c'était une conséquence des effets rigoureux de la stipulation, et les contractants ne pouvaient l'éviter que par une convention spéciale, indépendante du contrat corréal, à moins qu'il n'existât déjà entre eux une société. Quant au contrat corréal, il était lui-même une nécessité, par suite du principe qui défendait de plaider par procureur, et du besoin qu'avaient les plaideurs de se faire représenter en justice. Mais chez nous, où la représentation du plaideur en justice est non-seulement permise mais obligatoire, le contrat corréal actif avec les effets qu'il avait en droit romain, n'a plus de raison d'être. La convention qui aurait pour but de lui faire produire, chez nous, les effets qu'il avait à Rome, n'aurait d'autre utilité que de fournir à l'un des créanciers un moyen détourné de faire à son cocréancier une donation défendue par la loi, en s'abstenant de poursuivre le paiement, pour laisser à ce dernier le bénéfice de la créance ; et, à ce titre, cette convention serait entachée de nullité en vertu de l'article 911 du Code civil.

Sans doute, il peut se présenter chez nous des circonstances où le bénéfice de la créance solidaire ne serait pas partageable, mais devrait appartenir en totalité à l'un des créanciers. C'est ce qui aurait lieu, par exemple, si, en prêtant de l'argent à Pierre, Paul stipulait que le remboursement de la somme prêtée pourrait, à son échéance, être demandée par lui ou par Jean. Dans ce cas le bénéfice de la créance devra en effet appartenir entièrement à Paul, mais il y a entre les effets de cette convention, et ceux du contrat corréal à Rome, cette différence énorme que le bénéfice de la créance, à Rome, appartenait à celui des créanciers qui avait reçu le paiement, tandis que, dans notre hypothèse, quel que soit celui des créanciers qui reçoive le paiement, le bénéfice appartiendra toujours à Paul : Jean étant dans l'espèce non un véritable créancier, mais un *adjectus solutionis gratia*. Il ne joue le rôle de créancier qu'envers le débiteur, à l'égard de Paul il n'est qu'un mandataire. Les principes romains, en ce qui touche les rapports des cocréanciers solidaires entre eux, sont donc inapplicables dans notre droit ; et, comme nous le disions ci-dessus, il faut se garder de prendre à la lettre les termes de l'art. 1197.

Chez nous, le principe général qui ne reçoit pas d'exception, c'est que le bénéfice de la créance se divise de plein droit entre les cocréanciers solidaires, comme le prouve le § 2 de l'art. 1198 qui dit que « la remise de » dette qui n'est faite que par l'un des créanciers soli- » daires ne libère le débiteur que pour la part de ce » créancier. » Il en résulte que si chacun des créanciers solidaires est, envers le débiteur, créancier du total de la créance, il n'est en réalité, et vis-à-vis de ses cocréanciers, créancier que de sa part. Ainsi la créance totale est composée d'autant de créances partielles qu'il y a de créanciers ; et, si chacun d'eux peut réclamer le paiement du total de ces créances, c'est par suite d'un mandat tacite que les créanciers sont censés s'être donné réciproquement, d'exercer contre le débiteur les droits et actions les uns des autres. Ce mandat réciproque des créanciers les uns envers les autres est le caractère distinctif et essentiel de la solidarité active ; et, quand bien même une créance serait commune à plusieurs personnes, si elles n'étaient pas réciproquement mandataires les unes des autres, il n'y aurait pas de solidarité entre elles. Il en serait ainsi quand même il y aurait mandat des unes aux autres, si ce mandat n'était pas réciproque.

C'est pour cela que, dans l'hypothèse que nous avons proposée plus haut, il n'y a pas véritablement solidarité entre Paul et Jean, car si Jean est le mandataire de Paul, celui-ci n'est pas le mandataire de Jean.

Pothier, il est vrai (*Oblig.* n° 259), donne comme un exemple de créance solidaire celle qui naîtrait d'un testament disant : « *Mon héritier donnera aux Carmes ou*

» *aux Jacobins une somme de cent livres.* » Mais Pothier écrivait sous l'influence des idées romaines qui ont été bien modifiées par les rédacteurs du Code : il suffit, pour s'en convaincre, de comparer le 4° du n° 260 du *Traité des Obligations* de Pothier, avec le second paragraphe de l'art. 1198 du Code civil. Aujourd'hui on ne pourrait voir aucun caractère de solidarité, dans la créance résultant d'une disposition testamentaire ainsi conçue, puisque, dans l'espèce, il n'y a aucun mandat entre les créanciers qui n'ont qu'un droit éventuel dépendant du choix du débiteur (*Oblig.* n° 260). Il n'y aurait donc pas ici, d'après les principes du Code civil, une créance solidaire, mais une créance alternative quant à son sujet.

Ainsi, pour qu'il y ait solidarité active, dans une obligation, il faut que la même chose soit due par le même débiteur à plusieurs créanciers mandataires réciproques les uns des autres, à l'effet d'exercer les droits résultant du contrat productif de la créance. Il suit de là que chacun des cocréanciers solidaires a le droit de demander au débiteur commun le paiement intégral de la créance, et que celui-ci en le payant se libère envers tous les autres. Par conséquent, on peut définir la solidarité active, une modalité des obligations multiples quant à leur sujet actif, ayant pour effet de créer entre les personnes qui le composent un lien particulier d'où il résulte, pour chacune d'elles, la faculté de demander au débiteur le paiement intégral d'une créance qui ne lui appartient qu'en partie, et dont le bénéfice devra par conséquent se partager entre elle et ses cocréanciers.

Tels sont les caractères généraux de la solidarité active. En les exposant nous avons insisté particulièrement sur les points où notre Code s'est séparé du Droit romain.

Nos législateurs ont traité très-brièvement de la solidarité entre créanciers, parce qu'elle se présente très-rarement dans la pratique des affaires. Elle n'a d'autre utilité que de faciliter le recouvrement de la créance en permettant à chacun des intéressés d'en poursuivre le paiement intégral, tandis qu'autrement il n'aurait pu agir que pour sa part. Dans les trois articles qu'il a consacrés à cette matière, le Code ne s'est écarté du droit romain, qu'en ce qui touche la division de la créance et le mandat tacite qu'il suppose entre les créanciers. Tout le reste est la reproduction des principes du Droit romain au temps de Justinien. Ainsi, le § 1 de l'article 1198 est la reproduction de la loi 16, D. *de duobus Reis* (1), et l'article 1199 est puisé dans la loi 5, C. *de duobus Reis*. Nous pourrons donc, à l'occasion, nous appuyer sur le Droit romain pour la solution des questions non prévues par le Code. C'est ainsi qu'en nous appuyant sur la loi 6, D. *de duobus Reis*, et argumentant *a pari* de l'article 1201, nous déciderons que l'un des créanciers peut ne l'être que sous condition et à terme, tandis que les autres le sont purement et simplement. Nous allons examiner successivement les effets de la solidarité active en ce qui touche la remise, la novation, la compensation, la confusion, la chose jugée, le serment, le compromis, la transaction,

(1) On a critiqué cette décision, dans notre droit, en disant qu'en droit romain il n'y avait qu'une action pour obtenir le paiement de la créance solidaire, tandis que chez nous il y en a plusieurs. Mais ceci est faux : il n'y a en réalité chez nous, pour le total de la créance, qu'une seule action que chacun des créanciers peut intenter en vertu du mandat tacite et irrévocable qu'ils se sont donné; et quand l'un d'eux l'a intentée, il n'a fait que remplir ce mandat, et c'est comme si tous les créanciers avaient poursuivi simultanément le débiteur. Sans doute, à un autre point de vue, il y a chez nous autant d'actions que de créances partielles; mais il en était ainsi en droit romain lorsqu'il plaisait aux créanciers de diviser leur action. (L. 3, § 1, D. *de duobus Reis*).

la perte de la chose due , la demeure et la prescription.

SECTION II.

De la remise de la dette.

Nous avons vu que, d'après le Droit romain, il fallait
pour déterminer les effets de la remise de dette, examiner si elle avait eu lieu au moyen des formes solennelles de la stipulation, ou par simple pacte. Chez nous,
au contraire, il n'y a pas à se préoccuper des formes
dans lesquelles cette remise a eu lieu : car les obligations, se formant par la seule convention des parties,
peuvent se dissoudre de même. La remise de dette est
donc toujours chez nous purement conventionnelle :
la remise du titre sous-seing privé, ou de la grosse du
titre authentique faite au débiteur, n'est qu'une preuve,
ou plutôt qu'un indice de cette convention. Lorsque
la remise conventionnelle est faite par le créancier unique au débiteur, elle emporte la pleine et entière libération de celui-ci. Mais en est-il de même quand elle est
faite par un des cocréanciers solidaires? Pothier (n° 260,
4°) le décidait ainsi conformément à la loi 2, D. *de
Duobus Reis* ; mais, d'après le Code civil, chacun des
créanciers solidaires n'étant en réalité créancier que de
sa part dans la créance solidaire, et n'étant, quant au
reste, que le mandataire tacite de ses cocréanciers à
l'effet de recevoir le paiement, il ne peut, quant à leur
part de cette créance, avoir plus de pouvoir qu'un mandataire ordinaire, lequel ne peut outrepasser son mandat, ni faire aucun acte de propriété sans un mandat
spécial (art. 1988 et 1989 C. c.). Il s'ensuit que la
remise de dette que l'un des cocréanciers ferait au
débiteur commun ne libérerait celui-ci que pour la part
de ce créancier : c'est ce que décide le 2° § de l'article
1198.

Cependant chacun des cocréanciers solidaires ayant le droit de demander et de recevoir le paiement intégral de la créance, peut évidemment en donner quittance. Si donc l'un d'eux avait donné gratuitement une quittance au débiteur, ses cocréanciers seraient-ils admis à en contester la validité, en prouvant qu'elle est fictive et cache une remise ? Cela ne nous paraît pas douteux : car le droit que chacun des créanciers a de donner quittance, n'est que la conséquence du droit qu'il a de recevoir le paiement. Toute quittance qui n'est pas donnée à l'occasion du paiement, est un acte en dehors du mandat de celui de qui elle émane, et qui, par conséquent, peut être désavoué par ses mandants, c'est-à-dire ses cocréanciers. La quittance donnée en dehors du paiement au débiteur commun par l'un des créanciers solidaires, est un acte de libéralité qui doit rester personnel à celui-ci, et ne peut valoir que pour sa part dans la créance. C'est ce qui résulte de l'exposé des motifs fait par M. Bigot-Préameneu au Corps législatif. Nous en extrayons les passages suivants : « *Cha-* » *que créancier a droit d'exécuter le contrat. La re-* » *mise de la dette est autre chose que l'exécution... C'est* » *un acte de libéralité personnel à celui qui fait la re-* » *mise ; il ne peut être libéral que de ce qui lui appar-* » *tient... Si le créancier donne une quittance, le contrat* » *lui a donné le droit de recevoir et conséquemment de* » *donner quittance. C'est l'exécution directe et naturelle* » *du contrat, et c'est à cet égard que ses cocréanciers* » *ont suivi sa foi. Ce serait à eux à prouver que la quit-* » *tance n'est qu'un acte simulé, et que le créancier a* » *fait contre son droit la remise de la dette.* »

Mais si le débiteur, à qui l'un des créanciers a fait remise de la dette, avait payé à celui-ci une certaine somme, les autres créanciers seraient-ils tenus de l'imputer sur le montant de la créance ? La solution de cette question dépend du point de vue sous lequel on l'envisage. Si l'on reconnaît que la somme versée par le débiteur au créancier, qui lui a fait la remise, constitue un paiement partiel, et que la remise n'a porté que sur le reliquat, les autres créanciers seront forcés de l'imputer sur le total de la créance. Mais si, au contraire, on reconnaît que cette somme n'a été que le prix d'un acte illicite, et que la remise a porté sur le total de la créance, les cocréanciers de celui qui l'a faite ne seront pas tenus d'en faire l'imputation sur le montant de la créance qu'ils pourront demander intégralement au débiteur, sous la déduction toutefois de la part du créancier qui a fait la remise. Tout se réduit ici à une question de fait dont les tribunaux auront à faire l'appréciation.

L'un des cocréanciers solidaires ne pouvant faire remise de la dette au préjudice de l'autre, il s'ensuit qu'en cas de faillite du débiteur, il ne pourrait pas représenter ses cocréanciers dans le concordat sans un mandat spécial (art. 505, C. civ.).

SECTION III.

De la novation.

Un des cocréanciers solidaires peut-il faire une novation qui nuise à ses cocréanciers? Si la novation a eu lieu par changement de débiteur, il est clair qu'elle ne peut avoir d'effet que pour la part du créancier qui l'a faite, puisque le nouveau débiteur n'est obligé qu'envers celui-ci. A l'égard de ses cocréanciers, il n'y a pas eu de novation, et leur ancien débiteur reste tenu envers eux. Il en serait ainsi, à plus forte raison, de celle qui s'opérerait par la substitution d'un nouveau créancier envers lequel le débiteur s'obligerait, sur la délégation de celui des créanciers solidaires qui fait novation. Il y a là, en effet, une cession de créance qui ne peut être valable que pour la part de celui qui la fait. Mais en serait-il encore de même si la novation avait lieu, sans changement de débiteur ni de créancier, par la substitution d'une nouvelle dette à l'ancienne ? Oui. En effet, outre qu'il pourrait y avoir là un acte d'aliénation, dans le cas où la créance primitive eût été garantie par des hypothèques que le créancier qui fait novation n'aurait pas expressément réservées (art. 1278), il y a, dans cette substitution d'une nouvelle créance à la première, un fait qui excède les bornes du mandat tacite que les créanciers sont censés s'être donné. La nouvelle dette est, en effet, contractée en paiement de l'ancienne : c'est, comme dit Pothier (*Oblig.* n° 555), quelque chose d'équipollent au paiement. Or, le mandat de recevoir le paiement ne peut conférer au mandataire le droit de recevoir autre chose que ce qui est dû ; car, autrement, le mandant pourrait se trouver forcé de recevoir une chose pour une autre ; et c'est ce qu'un créancier ne peut être contraint de faire (art. 1243 C. c.).

SECTION IV.

De la compensation.

Le débiteur peut-il opposer à l'un des créanciers solidaires la compensation de ce qui lui est dû par le co-créancier de celui-ci ? La question est controversée ; elle doit, selon nous, être résolue affirmativement. En effet, aux termes de l'art. 1290, « *la compensation s'opère de plein droit par la seule force de la loi, même à l'insu des débiteurs ; et les deux dettes s'éteignent réciproquement, à l'instant où elles se trouvent exister à la fois, jusqu'à concurrence de leurs quotités respectives.* » Par conséquent, du jour où le débiteur commun est devenu à son tour créancier de l'un des créanciers solidaires, sa dette s'est trouvée éteinte, jusqu'à concurrence de la valeur de sa créance, à l'égard de tous les cocréanciers solidaires; car le débiteur peut invoquer contre tout le monde les causes légitimes d'extinction qui portent sur l'objet même de sa dette.

Vainement le créancier qui actionne le débiteur voudrait-il invoquer l'art. 1291 pour se refuser à la compensation, en prétendant, qu'à son égard, la dette de son cocréancier envers le débiteur n'est pas liquide; car celui-ci lui répondrait : « Vous êtes mandataire de » votre cocréancier, et à ce titre, vous ne pouvez pré- » tendre ignorer ses affaires. La fin de non-recevoir que » vous voulez m'opposer en vous fondant sur l'arti- » cle 1291, est donc inadmissible. D'ailleurs, tout dé- » biteur peut opposer au mandataire les exceptions » qu'il aurait à faire valoir contre le mandant : par » conséquent, je puis vous opposer la compensation de » ce que me doit votre cocréancier qui est en même » temps votre mandant. »

Peut-être, nous objectera-t-on, qu'en opposant à l'un des créanciers solidaires la compensation de ce que lui doit l'autre, le débiteur ferait payer au premier la dette de celui-ci. Cette objection n'est pas sérieuse; car le débiteur pourra, dans ce cas, répondre au créancier : « Je ne vous fais pas payer la dette de votre cocréancier; j'invoque seulement contre vous une cause légale d'extinction de ma dette. Si votre cocréancier m'avait poursuivi, j'aurais pu, sans nul doute, lui opposer la compensation jusqu'à concurrence de la valeur de ma créance contre lui; or, aux termes de l'art. 1198, *il est au choix du débiteur de payer à l'un ou à l'autre des créanciers tant qu'il n'a pas été prévenu par les poursuites de l'un d'eux;* par conséquent, dès l'instant où ma créance, contre votre cocréancier, est devenue exigible, j'ai eu le droit de l'imputer sur ma dette, et c'est ce que j'ai fait. Je n'ai pas, il est vrai, signifié cette imputation à votre cocréancier, mais je n'avais pas besoin de le faire, puisqu'aux termes de l'art. 1290, elle s'est opérée par la seule force de la loi. »

Le créancier ne pourra donc pas se refuser à la compensation ; mais, pourrait-il prétendre que le débiteur ne peut la lui opposer que jusqu'à concurrence de la part de son cocréancier dans la créance commune ? Nous ne le pensons pas, car le débiteur pourrait toujours lui dire : « Sans doute, en principe, chacun de vous n'est créancier que de sa part ; mais en stipulant la solidarité, vous avez renoncé à cette division de la créance. Vis-à-vis de moi, chacun de vous est créancier du tout, et le mandat que vous vous êtes donné de recevoir ou d'exiger le paiement les uns pour les autres, n'est pas uniquement en votre faveur ; il a été une des conditions du contrat qui nous lie, et vous ne pouvez m'en enlever le bénéfice. De même que j'aurais pu, malgré vous, payer la totalité de ma dette à votre cocréancier, et lui opposer la compensation jusqu'à concurrence de la totalité de la créance solidaire ; de même, je puis vous l'opposer de son chef pour la totalité de cette créance. »

SECTION V.

De la confusion.

Si l'un des créanciers solidaires venait à succéder au débiteur commun, ou celui-ci à l'un des créanciers, la confusion des qualités de créancier et de débiteur qui s'opérerait en sa personne, amènerait-elle l'extinction de la créance solidaire ? En ce qui touche la part du créancier qui a hérité du débiteur, ou dont celui-ci a hérité, tout le monde est d'accord pour décider l'affirmative ; mais nous pensons qu'il faut aller plus loin, et décider que la créance sera éteinte en totalité, puisque le créancier héritier du débiteur, ou dont le débiteur a hérité, était créancier de toute la créance. Dans l'opinion contraire on objecte que la confusion entraîne moins une extinction de l'obligation qu'une impossibilité à son exécution. Mais, outre que cet argument est en opposition avec les termes des articles 1234 et 1300, il peut être facilement retourné contre ceux qui l'invoquent ; car, le créancier ou le débiteur, en la personne de qui s'est opérée la confusion, se trouvant, tout à la fois, débiteur et créancier de toute la somme due, l'impossibilité d'exécution a lieu pour la totalité de l'obligation ; et les autres créanciers ne peuvent prétendre que l'exécution de l'obligation soit possible à leur égard. D'ailleurs leur cocréancier, si c'est lui qui a succédé au débiteur, leur répondrait : « Cela m'est indifférent, car l'exercice de l'action résultant de la créance solidaire m'appartient aussi bien qu'à vous, et vous ne pouvez exiger que je m'en dépouille en votre faveur. Je réunis en moi les deux qualités de créancier et de débiteur ; de quel droit voulez-vous me dépouiller de la première pour ne me laisser que la seconde. » Si c'est le débiteur qui a succédé à l'un des créanciers solidaires, il pourra répondre à celui des autres qui voudrait le poursuivre : « En héritant de votre cocréancier, j'ai hérité des droits qu'il avait comme créancier solidaire ; je les ai exercés contre moi, et me suis payé à moi-même ; ma dette est éteinte, le débiteur a disparu, il ne reste plus que le cocréancier auquel chacun de vous ne peut demander que sa part de la dette. » On argumente encore, contre l'opinion que nous soutenons, des termes des art. 1209 et 1301, mais il n'y a aucune parité de situation à établir, quant aux effets de la confusion, entre les cocréanciers et les codébiteurs solidaires ; et les seconds ne pourraient en aucune façon tenir un langage analogue à celui que nous plaçons dans la bouche des premiers. Ainsi, par exemple, si un des débiteurs solidaires avait succédé au créancier commun, ou celui-ci à l'un des débiteurs, les autres débiteurs ne pourraient prétendre repousser son action en lui disant : « Vous avez dû vous poursuivre et vous payer à vous-même la dette solidaire, donc nous sommes libérés, » car il leur répondrait : « Je suis libre d'intenter l'action résultant de ma créance contre celui des débiteurs solidaires qu'il me plaît d'attaquer, et vous ne pouvez m'enlever ce droit, ni me forcer à me poursuivre moi-même. »

Il faut donc reconnaître que si l'un des créanciers vient à hériter du débiteur ou *vice versa*, la confusion qui en résultera éteindra complétement la créance solidaire. Sans doute, dans ce cas, les autres créanciers auront le droit de demander à leur cocréancier, ou au débiteur commun qui lui aurait succédé, leur part dans la créance solidaire dont il est censé s'être payé le montant à lui-même, et il sera forcé de leur rembourser en définitive le montant de la créance déduction faite de sa part ; mais, néanmoins, il y aura encore pour lui un grand avantage à être tenu envers eux en qualité de cocréancier et de mandataire plutôt qu'en qualité de débiteur. En effet, ils ne pourront le poursuivre que chacun pour sa part dans la créance solidaire, ce qui sera surtout avantageux pour lui dans le cas où parmi les créanciers il s'en trouverait qui ne le fussent que sous condition et à terme ; et de plus, ses biens se trouveront libérés des droits d'hypothèque d'antichrèse ou de gage qui garantissaient le paiement de la créance solidaire. (Art. 2082, 2087 et 2180.)

Dans le système que nous combattons, au contraire, la confusion n'éteignant la créance que pour la part du créancier ou du débiteur en qui elle s'opère, ses cocréanciers, ou ceux de son auteur conservent la faculté de le poursuivre solidairement, et les droits d'hypothèque, de gage ou d'antichrèse qui garantissent la créance continuent de grever ses biens jusqu'à l'entier paiement de la dette.

Si l'un des créanciers et le débiteur ne devenaient héritiers l'un de l'autre que pour partie, la confusion qui en résulterait produirait des résultats différents selon que ce serait le débiteur qui aurait succédé à l'un des créanciers, ou celui-ci au débiteur. Si, par exemple, le débiteur devient héritier pour moitié de l'un des créanciers solidaires, il pourra repousser pour moitié l'action du créancier survivant. Il lui dira : « En succédant pour moitié à votre cocréancier j'ai hérité de moitié de la créance solidaire ; je me suis payé cette moitié à moi-même, je ne vous dois plus que l'autre moitié. D'un autre côté, il sera tenu de restituer à son cohéritier la part de celui-ci dans la moitié de créance dont il est censé avoir touché le montant, c'est-à-dire, dans l'espèce, un quart de la créance totale.

Si au contraire c'est l'un des deux créanciers solidaires qui a succédé pour moitié au débiteur, il pourra repousser complétement l'action de son cocréancier ; il n'aura qu'à lui dire : « Je n'ai hérité que pour moitié de notre débiteur commun. Je me suis payé à moi-même la portion de sa dette tombant à ma charge, adressez-vous pour l'autre moitié à mon cohéritier ; je ne vous dois rien. » Il sera donc complétement libéré. Toutefois, si la part que le créancier solidaire héritier du débiteur doit supporter dans la dette de celui-ci, était supérieure à celle qu'il doit avoir dans le bénéfice de la créance solidaire, son cocréancier aurait le droit de lui demander sa part de cette différence. Si, par exemple, il y avait trois créanciers solidaires : Primus, Secundus et Tertius, et que l'un d'eux, Tertius, eût hérité pour moitié du débiteur, Primus son cocréancier pourrait lui dire : « En
» m'opposant la compensation pour moitié de la créance

» solidaire, vous retenez à votre profit moitié du béné-
» fice de cette créance ; or vous ne devez en avoir que le
» tiers, puisque nous sommes trois créanciers ; vous re-
» tenez donc en trop un sixième de la créance totale que
» vous devez rembourser à Secundus et à moi; donnez-
» m'en ma part, c'est-à-dire un douzième de la créance
» totale. » Si, au contraire, la part que le créancier héritier pour partie du débiteur d   supporter dans la
dette de celui-ci, était inférieure à celle qui lui revient
dans le bénéfice de la créance solidaire, il aurait le droit
de réclamer le surplus à ses cocréanciers.

En résumé : quand un des créanciers solidaires devient héritier pur et simple du débiteur, que ce soit pour
le tout ou pour partie, l'effet de la confusion est toujours d'éteindre complétement la dette dont il se trouve
tenu envers ses cocréanciers, du chef du débiteur défunt;
sauf, bien entendu, le recours que ceux-ci pourraient
exercer contre lui par l'action du mandat au cas où sa
part dans la dette du défunt serait supérieure à sa part
dans la créance solidaire.

Toutefois quand le créancier n'hérite que pour partie
du débiteur, il peut toujours, à moins qu'il n'ait été
prévenu par ses cocréanciers ou l'un d'eux, demander à
ses cohéritiers leur part de la dette du défunt, sauf à tenir compte à ses cocréanciers de leur part dans la créance
solidaire.

Si, au lieu de succéder au débiteur, l'un des créanciers succédait à son cocréancier, il n'y aurait pas confusion, mais, comme disent les jurisconsultes romains,
adjection des deux créances ; et dans ce cas, le créancier héritier de l'autre prendrait, outre sa part dans la
créance solidaire, celle qu'aurait eue son cocréancier
défunt ; et, s'il avait fait au débiteur remise de sa dette,
il pourrait agir contre lui du chef du défunt, et pour la
part de celui-ci dans la créance solidaire.

SECTION VI.

De la chose jugée et du serment judiciaire.

Le jugement intervenu entre l'un des créanciers et le débiteur, ou le serment déféré à celui-ci, touchant l'existence de sa dette, par l'un des créanciers solidaires, est-il opposable aux autres? Logiquement il en devrait être ainsi. En effet, le § 1 de l'art. 1198, en donnant à chacun des créanciers solidaires le droit d'actionner le débiteur pour le total de sa créance, tant qu'il n'a pas été prévenu par un de ses cocréanciers, constitue par lo fait les créanciers solidaires mandataires les uns des autres à l'effet de poursuivre le débiteur. D'où il suit que toutes les fois que le jugement aurait porté sur l'existence de la dette, ou la validité du contrat qui lui aurait donné naissance, il devrait être opposable, en vertu de l'art. 1351, aux autres créanciers qui demanderaient le paiement de la dette ; puisque, l'objet de la créance solidaire étant le même à l'égard de tous les créanciers, ainsi que le contrat d'où elle provient, la seconde action aurait nécessairement le même objet que la première ; elle serait fondée sur la même cause, et se présenterait entre les mêmes parties, puisque le premier créancier agissant n'était que le mandataire des autres.

Quant au serment décisoire déféré par l'un des créanciers au débiteur, il devrait encore en être de même, puisqu'aux termes des articles 1350 et 1352 la loi attache au serment, comme à la chose jugée, une de ces présomptions qui font preuve en faveur de celui au profit de qui elles existent, et contre lesquelles la preuve contraire n'est pas admise. Or, le serment du débiteur établissant le fait qui a éteint son obligation, il devrait être libéré à l'égard de tous les créanciers, comme cela avait lieu en droit romain (L. 28, pr. D. *de Jurejur.*), et comme le décidait aussi Pothier (*Oblig.* n° 260). Mais les rédacteurs du Code, considérant qu'il y a dans la délation du serment une espèce de transaction qu'un simple mandataire ne peut avoir le droit de faire (art. 2045), ont décidé, dans le second alinéa de l'art. 1365, que *le serment déféré par l'un des créanciers solidaires au débiteur ne libère celui-ci que pour la part de ce créancier.*

En conséquence, il faut décider pareillement que le jugement rendu entre l'un des créanciers solidaires et le débiteur, n'aura d'effet que pour la part de ce créancier. Comment, en effet, admettre qu'un jugement puisse être opposé à tous les créanciers solidaires, alors qu'il peut arriver qu'il ne soit que la conséquence d'un serment qui n'est opposable qu'au seul créancier qui l'a déféré, puisque le serment prêté par le défendeur doit amener la condamnation du demandeur (art. 1361 et 1363).

SECTION VII.

Du compromis et de la transaction.

Un des créanciers solidaires peut-il faire, avec le débiteur, un compromis ou une transaction qui soit opposable à ses cocréanciers? Non ; en effet, aux termes de l'art. 2045, il faut, pour transiger valablement, *avoir la capacité de disposer des objets compris dans la transaction.* Or, il résulte du § 2 de l'art. 1198 que chacun des créanciers solidaires ne peut disposer que de sa part dans la créance commune ; par conséquent, le mandat tacite que chacun d'eux est censé avoir reçu des autres, ne lui donne pas le droit de transiger sur la créance totale. Il ne le pourrait qu'en vertu d'un mandat spécial (art. 1988), et la transaction qu'il ferait en dehors de ce mandat n'aurait d'effet que pour sa part dans la créance solidaire.

Le compromis est un contrat par lequel deux ou plusieurs personnes conviennent de remettre à des arbitres, désignés par elles dans la convention (art. 1006, C. pr.), la décision d'un litige, et qui ne peut, en vertu de l'art. 1003 du Code de procédure, avoir lieu que sur les droits dont les parties ont la libre disposition. Il en résulte que le compromis intervenu entre le débiteur et l'un des créanciers solidaires, ne peut avoir d'effet que pour la part de celui-ci, dans la créance solidaire. D'ailleurs les cocréanciers solidaires n'ayant pas, comme nous l'avons déjà dit, le droit de transiger les uns pour les autres, il résulte *a fortiori* de l'art. 1989 C. c. qu'ils n'ont pas celui de compromettre.

Remarquons encore qu'il serait incompréhensible que la sentence arbitrale rendue contre l'un des cocréanciers solidaires pût être opposée aux autres, tandis qu'un jugement ne le peut pas.

SECTION VIII.

De la prescription.

Les actes interruptifs de prescription faits par un des créanciers solidaires conservent-ils la créance solidaire à l'égard des autres? Oui, c'est ce que décide formellement l'art. 1199, qui est fondé sur ce principe que tout créancier solidaire est mandataire des autres à l'effet de conserver la créance. Par conséquent, la citation en conciliation (art. 2245), ou la citation en justice donnée au débiteur par l'un des créanciers solidaires, même devant un tribunal incompétent (art. 2246), interromprait la prescription en faveur de ses cocréanciers.

Mais, en serait-il de même de la reconnaissance de la dette consentie par le débiteur en faveur de l'un des créanciers? Nous ne le pensons pas; car il y a là un aveu qui ne peut avoir de force que dans les termes dans lesquels il a été fait.

On argumente dans l'opinion contraire des termes de l'art. 1199 : *Tout acte qui interrompt la prescription ;* mais les termes mêmes de cet article, ainsi que ceux de l'article précédent, prouvent qu'il ne s'agit dans ces deux articles que de l'effet des actes émanés de l'un des créanciers solidaires ; et ce serait étendre outre mesure la portée de l'article 1199 que d'en appliquer les dispositions à un acte émané du débiteur. Toutefois, si, dans l'acte récognitif de sa dette, le débiteur avait dénommé tous les créanciers solidaires, et s'était reconnu solidairement débiteur envers chacun d'eux, cette reconnaissance profiterait à tous, car en réalité elle serait faite à l'égard de tous.

Si le créancier qui a interrompu la prescription, au moyen d'une citation en justice, avait laissé périmer l'instance (art. 307 C. pr.), l'interruption serait-elle non avenue (art. 2247 C. c.) à l'égard des autres créanciers, ou, au contraire, continuerait-elle de subsister à leur égard ? Nous pensons qu'elle serait nulle à leur égard, aussi bien qu'à l'égard de celui qui aurait agi, car il serait étonnant que le débiteur fût libéré vis-à-vis de celui-ci et ne le fût pas envers ceux qui auraient gardé le silence.

S'il se trouvait parmi les créanciers solidaires des personnes contre lesquelles la prescription ne courût pas, telles que des mineurs ou des interdits (art. 2252), la prescription serait-elle également suspendue à l'égard des autres créanciers ? Nous ne le pensons pas, car la suspension de la prescription est une faveur que, par un motif d'humanité, la loi accorde au mineur et à l'interdit en raison des égards que commande leur position, et de la protection spéciale qui est due à la faiblesse de leur âge ou de leur intelligence ; et il serait étrange qu'une personne vînt invoquer à son profit la minorité ou l'interdiction d'une autre. Par conséquent, dans l'espèce, la prescription ne serait suspendue que pour la part du mineur ou de l'interdit dans la créance solidaire. L'opinion que nous soutenons est conforme aux règles de notre ancien droit, où il était de principe que le mineur ne relève le majeur que dans les obligations indivisibles, *in individuis*. C'est ce que décide Pothier dans son Traité des Obligations, n° 647.

SECTION IX.

De la demeure.

Aux termes de l'article 1139, le débiteur est constitué en demeure, soit par une sommation, soit par tout autre acte équivalent (c'est-à-dire une citation en justice, ou un commandement) soit enfin par la seule échéance du terme, lorsque telle a été la convention des parties. Nous n'avons pas à nous occuper ici du cas où la demeure résulterait de la seule échéance du terme; car il est bien évident que dans ce cas le débiteur sera en demeure en même temps à l'égard de tous les créanciers, à moins qu'il ne se soit obligé envers chacun d'eux à des termes différents.

Mais nous avons à examiner si la mise en demeure du débiteur profite à tous les créanciers solidaires, lorsqu'elle résulte d'une sommation ou citation en justice à lui faite à la requête de l'un d'eux? Nous répondrons affirmativement; car il résulte de l'art. 1199 que chacun des créanciers solidaires est mandataire des autres, quant aux actes conservatoires de la créance. Or, la mise en demeure du débiteur, ayant pour effet de mettre les risques de la chose à sa charge (art. 1302), et de l'exposer, dans certains cas, au paiement des dommages et intérêts (art. 1147), a bien tous les caractères d'un acte conservatoire. D'ailleurs, il serait étrange qu'une citation en justice, ou un commandement qui peut interrompre la prescription de la créance à l'égard de tous les créanciers solidaires, eût moins de pouvoir quant à la demeure du débiteur. On ne peut admettre qu'un acte qui interrompt la prescription à l'égard de tous les créanciers, ne puisse mettre le débiteur en demeure qu'à l'égard d'un seul.

La demeure du créancier résulte de la sommation de prendre livraison (art. 1264), ou des offres réelles qui lui sont faites par ministère d'huissier (art. 1257 et 1258-7°), selon que la chose due est un corps certain ou une somme d'argent. Cette mise en demeure n'a par elle-même aucun effet; mais lorsqu'après avoir été régulièrement faite (art. 1258 et 1264), elle est suivie de la consignation valable (art. 1259 et 1264) de la chose due, elle a pour effet de mettre cette chose aux risques du créancier, lorsque ces risques n'étaient pas à sa charge, et de libérer le débiteur (art. 1257).

Mais la mise en demeure de l'un des créanciers solidaires libère-t-elle le débiteur à l'égard de tous? Oui, car l'art. 1257 nous dit que les offres réelles, suivies d'une consignation, tiennent lieu de paiement au débiteur. Or, comme le paiement fait à un créancier libère le débiteur à l'égard de tous les autres, il est clair qu'il doit en être de même des offres réelles, en vertu de l'art. 1257. Ce que nous disons à propos des offres réelles, doit évidemment s'appliquer à la sommation de prendre livraison, lorsqu'elle est suivie du dépôt de la chose due, effectué par permission de justice, conformément à l'art. 1264.

Toutefois, il en serait autrement si le débiteur avait offert au créancier, non la totalité de la dette, mais sa part dans la chose due. Nous pensons même que dans ce cas les offres seraient nulles, en vertu de l'art. 1258-

3°, même à l'égard du créancier à qui elles seraient faites ; car, si chaque créancier ne doit, en définitive, conserver que sa part de la créance, il n'en est pas moins, vis-à-vis du débiteur, créancier de toute la dette, et celui-ci ne peut le forcer de recevoir un paiement partiel, pas plus qu'il ne pourrait lui-même être forcé de payer divisément à chaque créancier (art. 1257).

CHAPITRE II.

De la solidarité passive et de ses effets.

SECTION Ire.

Principes généraux.

D'après l'art. 1200 du Code civil, il y a solidarité entre plusieurs débiteurs *lorsqu'ils sont obligés à une même chose, de manière que chacun puisse être contraint pour la totalité, et que le paiement fait par un seul libère les autres envers le créancier.*

Cette définition de la solidarité est incomplète ; elle conviendrait tout aussi bien à l'obligation indivisible, et elle a en outre le défaut de passer sous silence les caractères essentiels de la solidarité, pour ne nous montrer que quelques-uns de ses effets.

La solidarité a un double caractère : c'est de créer entre les codébiteurs qui s'y soumettent, ou à qui elle est imposée par la loi, un mandat et une fidéjussion réciproques. En effet, l'art. 1213 nous dit que l'obligation solidaire *se divise de plein droit entre les codébiteurs qui n'en sont tenus entre eux que chacun pour sa part et portion.* Or, si chacun des codébiteurs, bien que n'étant en principe débiteur que de sa part de la dette, peut être tenu de la payer en totalité, ce ne peut être que par suite d'un mandat tacite et réciproque résultant entre eux du lien solidaire. Pothier signale aussi dans son Traité des Obligations (n° 282) l'existence de ce mandat tacite entre les codébiteurs solidaires, et il leur donne les uns contre les autres tantôt l'action *pro socio*, tantôt l'action *mandati*. Aujourd'hui il n'y a plus à distinguer entre ces deux actions : la première a disparu, les associés sont, en vertu de l'art. 1859 du Code civil, mandataires les uns des autres, et c'est à ce titre qu'ils se poursuivent réciproquement pour se faire tenir compte de leurs dépenses, ou obtenir leur part des recettes.

Quant à la fidéjussion réciproque que nous avons dit exister entre les codébiteurs solidaires, le principe en est formulé dans l'art. 1216. Il est vrai que cet article ne parle que du cas où l'affaire pour laquelle la dette a été contractée ne concerne que l'un des obligés ; mais le principe qu'il pose doit s'appliquer lors même que l'affaire pour laquelle la dette solidaire a été contractée est commune à tous les obligés. En effet, si dans l'hypothèse prévue par l'art. 1216, les codébiteurs étrangers à l'affaire sont considérés comme cautions de celui qu'elle concerne, c'est parce qu'ils se trouvent obligés à une dette qui n'est pas la leur. Or, comme les codébiteurs solidaires, lors même que l'affaire leur est commune, ne sont en réalité débiteurs que chacun de sa part, en sorte que la dette totale n'est que la somme d'autant de dettes différentes qu'il y a de débiteurs, il s'ensuit que chacun d'eux est, en ce qui concerne les parts de ses codébiteurs dans la dette solidaire, obligé à une dette qui n'est pas la sienne ; il se trouve donc, en réalité, la caution de ses codébiteurs. On objectera peut-être qu'il ne peut recourir contre chacun d'eux pour la totalité de la dette solidaire ? Nous répondrons qu'il n'est pas caution d'une seule dette, mais d'autant de dettes qu'il a de codébiteurs, et qu'en recourant contre chacun d'eux pour sa part dans la dette commune, il recourt en réalité pour la totalité de la dette de celui-ci.

Les codébiteurs solidaires ne peuvent, il est vrai, invoquer le bénéfice de discussion ni le bénéfice de division qui appartiennent d'ordinaire aux cautions; mais cela tient à ce que chacun d'eux est vis-à-vis du créancier un débiteur principal. D'ailleurs, la fidéjussion réciproque a toujours pour effet d'ôter aux cautions entre lesquelles elle existe le bénéfice de division : car, par le fait, chacune d'elles s'étant rendue caution des autres, qui l'ont cautionnée à leur tour, elle se trouve, relativement à elles, vis-à-vis du créancier, dans la double position d'une caution et d'un débiteur principal; d'où il suit qu'elle ne peut invoquer contre le créancier le bénéfice de division, car celui-ci lui répondrait : « Vos cofidéjusseurs ne sont, vis-à-vis de » moi, que vos cautions ; et le débiteur principal ne peut » demander la discussion de la caution, ni *a fortiori* » que le créancier divise son action entre elle et lui ; » par conséquent, vous ne pouvez exiger que je divise » mon action entre vous et vos cofidéjusseurs. » S'il en était autrement, la fidéjussion réciproque serait sans effet, ce qui serait contraire à l'art. 1187 C. c. Les fidéjusseurs réciproques ne pouvaient non plus, d'après le Droit romain invoquer le bénéfice de division, et Pothier (Oblig. nº 416) le leur refuse également. Ce principe était admis par nos anciens jurisconsultes, notamment par Cujas et Vinnius. Ainsi, l'impossibilité dans laquelle sont les codébiteurs solidaires, d'invoquer les bénéfices de discussion et de division, loin de faire obstacle à ce qu'on les considère comme cautions les unes des autres, n'est au contraire qu'une conséquence de leur fidéjussion réciproque. Les codébiteurs solidaires jouent donc vis-à-vis du créancier le double rôle de débiteurs principaux et de fidéjusseurs réciproques, et chacun d'eux est vis-à-vis des autres débiteur principal quant à sa part de la dette commune, fidéjusseur et mandataire quant au surplus. Dans ce double principe réside le caractère distinctif de la solidarité passive; c'est de là que découlent les règles formulées par nos législateurs dans les articles que le Code a consacrés à cette matière.

On peut définir la solidarité passive : une modalité des obligations multiples, ayant pour effet de créer, entre les personnes qui en sont le sujet passif, un mandat et une fidéjussion réciproques d'où résulte pour chacune d'elles l'obligation d'acquitter en totalité une dette dont elle ne doit en réalité supporter que sa part. Ainsi la solidarité constitue en quelque sorte un lien particulier, une obligation accessoire qui vient s'ajouter à une obligation principale. C'est pour cela que le créancier peut leur faire remise de la solidarité sans leur faire remise de l'obligation principale.

L'obligation solidaire est une, quant à son objet; mais elle est divise et multiple quant aux personnes; et elle est composée d'autant de liens divers et d'obligations différentes qu'il y a de codébiteurs solidaires. C'est pour cela qu'ils peuvent être obligés différemment envers le créancier, et que l'un peut être obligé pur et simple, tandis que les autres ne le sont que sous condition ou à terme (art. 1201).

De là il suit que toutes les causes d'extinction ou de nullité qui portent sur l'objet de l'obligation peuvent être invoquées par tous les codébiteurs solidaires, tandis que celles qui ne portent que sur l'obligation d'un des débiteurs, c'est-à-dire sur le lien juridique qui l'unit au créancier ne profitent qu'à ce débiteur et ne peuvent être invoquées que par lui (1). C'est pour cela que l'art. 1208 nous dit que « *le codébiteur solidaire poursuivi par le créancier peut opposer toutes les exceptions qui résultent de la nature de l'obligation, et toutes celles qui lui sont personnelles, ainsi que celles qui sont communes à tous les codébiteurs, mais qu'il ne peut opposer les exceptions qui sont purement personnelles à quelques-uns des autres codébiteurs.* »

Les exceptions *qui résultent de la nature de l'obligation,* et que l'on appelle aussi *exceptions réelles,* sont celles qui sont fondées sur l'inexistence ou la nullité de la dette ; par exemple, celles qui consistent à dire que la dette manque de cause, ou est fondée sur une fausse cause ou sur une cause qui est contraire aux lois ou aux bonnes mœurs (2). Les *exceptions personnelles* sont celles qui portent sur l'obligation d'un des débiteurs, sur le lien qui l'unit au créancier, et qui sont tirées d'une cause qui lui est personnelle ; par exemple, sa minorité, son interdiction, le dol ou la violence dont il aurait été victime. Les *exceptions communes* sont celles qui, n'étant pas fondées sur la nature de l'obligation, peuvent néanmoins être invoquées par tous les débiteurs parce qu'elles reposent sur une cause légitime d'extinction de la dette solidaire. Telles seraient, par

(1) Du moins quant à la dette entière, car nous verrons plus loin qu'il y a des distinctions à faire en ce qui touche la part du débiteur dont l'obligation est nulle.

(2) La *cause* de l'obligation est ce *pourquoi l'on s'oblige,* le *but immédiat* qu'on se propose. Une obligation a toujours une cause dans l'esprit des parties, mais cette cause peut être inexistante. C'est ce qui aurait lieu si une ou plusieurs personnes s'obligeaient à payer une certaine somme pour prix d'une maison qui, à leur insu, se trouve détruite au moment du contrat. La *cause* de l'obligation serait *fausse* si, par exemple, les parties s'étaient obligées pour acquitter un legs qu'un testament postérieur, inconnu d'elles, aurait révoqué.

exemple, celles qui seraient fondées sur le paiement de la dette ou sa prescription. Remarquons toutefois qu'il ne faut pas prendre à la lettre ce que l'art. 1208 dit des exceptions personnelles à certains débiteurs ; il n'est d'une vérité absolue qu'en ce qui regarde la totalité de la dette ; quant à la part afférente au débiteur à qui appartient l'exception, il y a des distinctions à faire.

Si l'exception appartenant à ce débiteur est fondée sur une cause légitime d'extinction de son obligation, par exemple, une remise de dette qui lui serait personnelle, ou la compensation ; les autres pourront toujours opposer cette exception au créancier pour la part de la dette solidaire tombant à la charge de leur codébiteur ; et il y aura entre eux et lui cette différence, que celui-ci pourra opposer l'exception au créancier pour la totalité de la dette solidaire, tandis qu'ils ne pourront la lui opposer que pour la part de leur codébiteur.

Si au contraire l'exception appartenant à l'un des codébiteurs solidaires, est fondée sur une cause de nullité affectant son obligation, par exemple sur la violence ou le dol dont il aurait été victime ; il faut distinguer si les autres ont connu ou non le vice dont était entachée l'obligation de leur codébiteur. Dans le premier cas, ils ne peuvent opposer l'exception, même pour la part de celui-ci dans la dette solidaire, car ils n'ont pas dû compter que celui dont l'obligation est nulle ou annulable supporterait sa part de la dette, et les déchargerait d'autant. Mais quand ils ont ignoré le vice qui affectait l'obligation de leur codébiteur, ils peuvent opposer au créancier l'exception qui en résulte, pour la part de ce débiteur dans la dette solidaire ; car ils peuvent dire au créancier : « Nous comptions que notre codébiteur, dont l'obligation est nulle, viendrait partager avec nous le fardeau de la dette. C'est pour cela que nous nous sommes obligés envers vous, sans cela nous ne l'aurions pas fait ;

nous ne devons pas souffrir d'une erreur légitime, et
la portion de la dette, qu'aurait dû supporter notre codébiteur, doit retomber à votre charge. » Toutefois, ils
ne seraient pas écoutés si l'exception, appartenant à
leur codébiteur, était fondée sur une cause de nullité
qu'il leur eût été facile de connaître, par exemple sa
minorité ; car alors le créancier leur répondrait : « Si
vous avez ignoré la minorité de votre débiteur, c'est
votre faute, et vous ne pouvez vous faire un titre de
votre négligence. »

Du principe que les codébiteurs solidaires sont respectivement fidéjusseurs et mandataires les uns des
autres, il résulte que *les poursuites faites contre l'un
des débiteurs n'empêchent pas le créancier d'en exercer
de pareilles contre les autres* (art. 1204) ; et du principe
que la dette se divise de plein droit entre les débiteurs
solidaires, qui ne sont tenus entre eux que de leur part,
il résulte que *le codébiteur qui a payé en entier la dette
solidaire, ne peut répéter contre les autres que les parts
et portions de chacun d'eux* (art. 1214) ; car il n'a pu
les cautionner que chacun pour la part dont il était
tenu. Par le même motif, il faut décider que les effets
de la subrogation légale, accordée par l'art. 1251 au débiteur qui paye toute la dette, se bornent à la part de
chacun de ses codébiteurs, et ne lui donnent pas le droit
de poursuivre l'un d'eux pour le tout, comme aurait pu
le faire le créancier. Il en serait ainsi lors même que le
débiteur, qui a payé le créancier, se serait fait subroger
expressément ; car les dispositions des articles 1213 et
1214 sont formelles et ne souffrent pas d'exception. Nous
trouvons d'ailleurs un argument *a fortiori* dans l'art.
875 du Code civil, où il est dit que « le cohéritier qui,
» par l'effet de l'hypothèque, a payé au delà de sa part
» dans la dette commune, n'a recours contre les autres
» que pour la part de chacun d'eux, *même dans le cas où*

» *il se serait fait subroger aux droits du créancier.* » Or, s'il en est ainsi à l'égard des cohéritiers (lesquels ne sont ni fidéjusseurs ni mandataires les uns des autres), à plus forte raison doit-il en être de même à l'égard des codébiteurs solidaires. Toutefois, il en serait autrement si l'un des débiteurs solidaires avait acheté la créance, pourvu que la vente que lui aurait consentie le créancier fût sérieuse, et ne fût pas un moyen détourné de frauder la loi.

Des deux principes énoncés ci-dessus, il résulte encore que, si l'un des codébiteurs solidaires devient insolvable, la part qu'il aurait dû supporter dans la dette *se répartit, par contribution, entre tous les autres codébiteurs solvables* (art. 1214), car la perte résultant de l'insolvabilité du débiteur, doit se partager entre ses cautions (art. 2032).

Mais l'insolvabilité dont répondent les autres codébiteurs n'est que celle qui existait déjà au moment du paiement; car la dette solidaire se trouvant éteinte par le fait du paiement, le cautionnement réciproque, né de la solidarité entre les codébiteurs, se trouve éteint et ne peut plus produire d'effet. Le débiteur qui a payé doit donc se hâter d'exercer son recours contre ses codébiteurs, car si l'un d'eux devient insolvable, il sera seul pour supporter l'insolvabilité de ce débiteur; car les autres pourront toujours lui dire : « Au moment » où notre codébiteur est devenu insolvable, nous n'é- » tions plus ses cautions; vous ne pouvez, à aucun » titre, exiger que nous participions à une perte que » vous eussiez évitée si vous aviez été moins négligent. » Au reste, les derniers mots de l'art. 1214, « *et celui qui* » *a fait le paiement,* » prouvent clairement que l'article se réfère au cas où l'insolvabilité est antérieure au paiement.

Les commentateurs divisent la solidarité en *solidarité*

parfaite et *solidarité imparfaite* ou *obligation in soli-dum*. Le caractère distinctif de l'une et de l'autre, c'est que la solidarité parfaite suppose entre les codébiteurs un mandat et une fidéjussion réciproque, tandis que les codébiteurs d'une dette *in solidum* ne sont ni fidéjusseurs ni mandataires les uns des autres. Il en résulte que la solidarité est toujours *parfaite* quand elle est *conventionnelle*, mais qu'il n'en est pas ainsi de la solidarité légale, qui est parfaite ou imparfaite.

Les rédacteurs du Code paraissent s'être peu préoccupés de cette distinction si juste et dont les résultats sont si importants; ils emploient les mêmes expressions pour désigner la solidarité parfaite et la solidarité imparfaite. Par suite de ce défaut de méthode il est souvent fort difficile de déterminer dans quels cas le législateur a entendu établir une véritable solidarité, et dans quels cas une simple obligation *in solidum*. C'est ce que nous examinerons ultérieurement.

Nous allons préalablement examiner, dans la suite de ce chapitre, les effets de la solidarité parfaite en ce qui touche la remise, la novation, la compensation, la confusion, la chose jugée, le serment, le compromis, la transaction, la prescription, la perte de la chose et la demeure.

SECTION II.

De la remise, soit de la dette, soit de la solidarité.

La remise de la dette solidaire faite à l'un des débiteurs solidaires libère-t-elle les autres?

Il y a à cet égard à distinguer entre la remise expresse et la remise tacite résultant de la restitution du titre original sous seing privé ou de la grosse du titre. Si la remise est tacite, elle profite nécessairement, et pour la totalité de la dette, à tous les codébiteurs; car, dès l'instant que le créancier a abandonné son titre, il est censé avoir renoncé complétement à sa créance. Il est évident que s'il avait entendu ne faire qu'une remise personnelle à l'un des débiteurs, il n'eût pas abandonné le titre qui constatait ses droits contre tous; c'est ce que décide l'art. 1284. La présomption résultant de cette remise est plus ou moins forte, selon que le titre remis au débiteur par le créancier est le *titre original et sous seing privé*, ou simplement la *grosse du titre*. Dans le premier cas la présomption est absolue, et la preuve contraire n'est pas admise, tandis qu'elle l'est dans le second. (Art. 1282 et 1283 combinés.)

Si la remise de dette, faite par le créancier à l'un des codébiteurs solidaires, résulte, non de l'abandon du titre, mais d'une convention expresse, elle libère également tous les codébiteurs; car chacun des codébiteurs solidaires étant, vis-à-vis du créancier, débiteur de toute la dette, la remise pure et simple qui lui est faite doit porter sur la totalité de la créance. D'ailleurs, nous avons vu que les débiteurs solidaires jouent le rôle de caution les uns des autres : or, il est de principe que la remise accordée au débiteur principal libère les cautions (art. 1287), et le débiteur auquel s'adresse le créancier joue toujours le rôle de débiteur principal, puisqu'il ne peut demander que le créancier divise son action, ni qu'il discute ses codébiteurs (art. 1302). Par conséquent celui des codébiteurs auquel le créancier a fait remise de la dette, doit aussi être considéré comme débiteur principal, et, à ce point de vue, ses codébiteurs doivent être libérés comme ses cautions.

Mais il en devrait être autrement si, au lieu de remettre purement et simplement la dette au débiteur, le créancier avait expressément déclaré ne la lui remettre que pour sa part, car il doit être libre de donner à sa libéralité l'étendue qu'il lui convient. C'est ce que décide le

1er § de l'art. 1285 qui, malgré les critiques dont il a été l'objet, se justifie très-bien, on le voit, au point de vue des principes. Il est ainsi conçu : *La remise ou » décharge conventionnelle au profit de l'un des codé- » biteurs solidaires, libère tous les autres, à moins que » le créancier n'ait expressément réservé ses droits con- » tre ces derniers.* » L'article ajoute : « *Dans ce dernier » cas il ne peut plus répéter la dette, que déduction » faite de la part de celui auquel il a fait la remise.* »

Ainsi la remise faite à l'un des débiteurs personnellement, profite encore aux autres jusqu'à concurrence de la part de celui-ci. Mais quelle est cette part dont l'art. 1285 exige la déduction ? Est-ce la part *virile* de celui à qui la remise personnelle a été faite, ou bien est-ce sa part *réelle*, laquelle est déterminée par l'intérêt qu'il avait dans la dette ? La question doit être résolue au moyen d'une distinction : Si le créancier connaissait la part réelle du débiteur dans la dette, c'est cette part qui doit être déduite, sinon c'est la part virile. Ainsi, Primus, Secundus et Tertius ont emprunté solidairement une somme de 6,000 fr. qu'ils se sont partagée de la manière suivante : Primus a eu 1000 fr., Secundus 2000 fr. et Tertius 3000 fr. Le créancier fait à Tertius remise de la dette de celui-ci ; s'il a ignoré ce partage, il ne devra déduire que 2000 fr. de son action solidaire contre les deux autres ; s'il l'a connu, il devra déduire la part virile de Tertius, c'est-à-dire 3000 fr.

Le créancier, au lieu de remettre la dette au débiteur, peut lui faire simplement remise de la solidarité. Cette remise, à la différence de celle qui porte sur la dette, n'a d'effet que pour la part du débiteur à qui elle est faite : c'est ce qui résulte des termes de l'art. 1210, et il en devait être ainsi. En effet, cette remise ayant pour but de rompre le lien solidaire en faveur du débiteur à qui elle est faite, celui-ci ne peut plus être considéré comme mandataire des autres, puisqu'il leur devient étranger. Par la même raison, il ne peut plus être considéré comme débiteur principal du total de la créance. D'ailleurs, le créancier, en lui faisant remise de la solidarité, le considère nécessairement, non comme étant tenu envers lui par un lien unique, mais comme son obligé à un double titre : à titre de débiteur principal pour sa part de la dette solidaire, et à titre de caution de ses codébiteurs pour le surplus. De sorte qu'en lui faisant remise de la solidarité, il ne fait rien autre chose que le décharger de ce cautionnement. A quel titre la libéralité qu'il lui accorde pourrait-elle donc profiter aux autres codébiteurs? Ainsi les décisions toutes différentes que le Code, dans les art. 1210 et 1285, donne dans des hypothèses qui semblent analogues, se justifient parfaitement au point de vue de la logique et des principes. La décision de l'art. 1285 est une conséquence des effets de la solidarité, tandis que celle de l'art. 1210, qui a pour but de faire cesser la solidarité et de rompre le lien qui unissait le débiteur libéré aux autres, est une conséquence du principe de la personnalité des conventions. La première reproduit les principes romains en matière d'acceptilation, la seconde les principes du droit prétorien en matière de pacte.

Nous avons dit que la remise de la solidarité faite par le créancier à l'un des débiteurs solidaires n'a d'effet que pour la part de ce débiteur ; mais il ne s'ensuit pas qu'elle ne profitera pas aux autres ; au contraire, elle leur profitera pour la part de ce débiteur. C'est ce qui résulte encore de l'art. 1210, aux termes duquel le créancier qui a fait remise de la solidarité à l'un des codébiteurs, ne conserve son action solidaire contre les autres « que *sous la déduction de la part du débiteur qu'il a* » *déchargé de la solidarité.* »

Cette décision est vivement critiquée par M. Marcadé,

qui eût voulu que le créancier conservât le droit de poursuivre les autres débiteurs pour la totalité de la dette, par le motif que le débiteur déchargé de la solidarité « *reste toujours tenu de sa part dans la dette, et* » *que, par conséquent, il demeure là pour répondre,* » *comme ses codébiteurs, au recours de celui qui pour-* » *rait se trouver forcé de payer la totalité.* »

M. Marcadé ajoute que le système qu'il eût voulu voir suivre était celui de Pothier, que les rédacteurs du Code ont abandonné à tort. Ceci est complétement inexact : le N° 277 de Pothier, auquel renvoie M. Marcadé, ne contient rien de semblable; au contraire, il nous dit que le créancier peut renoncer à la solidarité « soit en faveur de tous les débiteurs, en consentant que » la dette soit divisée entre eux, soit en faveur de l'un » des débiteurs qu'il déchargera de la solidité en con- » servant son droit de solidité contre les autres, *de ma-* » *nière néanmoins que la décharge qu'il a donnée à* » *l'un d'entre eux ne puisse préjudicier aux autres,* » *comme il a été observé* N° 275. » Ajoutons que dans le N° 275, auquel il renvoie, Pothier décide que le créancier, qui a fait remise de la dette à l'un des codébiteurs personnellement, ne peut agir solidairement contre les autres que déduction faite de la part du débiteur libéré dans la dette solidaire, et dans la perte résultant des insolvabilités. La décision du Code est donc conforme à celle de Pothier; mais elle ne s'appuie pas seulement sur l'opinion de ce grand jurisconsulte, elle se justifie encore au point de vue de la logique et des principes. En effet, le créancier, en remettant la solidarité à l'un des débiteurs, a rompu le lien qui l'unissait aux autres; il a, en réalité, retranché de la créance solidaire la part du débiteur déchargé de la solidarité, lequel est devenu débiteur pur et simple de sa part, et a cessé d'être mandataire et fidéjusseur des autres. La dette solidaire est donc diminuée de la part du débiteur libéré, et il s'ensuit que le créancier ne doit plus agir contre les autres que déduction faite de cette part. D'ailleurs, s'il en eût été autrement, le débiteur déchargé de la solidarité aurait pu, par suite du recours de ses codébiteurs, se trouver forcé de supporter sa part des insolvabilités, ce qui est incompatible avec la remise qui lui a été faite de la solidarité. Car les codébiteurs solidaires sont les seuls qui supportent les insolvabilités les uns des autres. On nous objectera peut-être, avec M. Marcadé, que l'article 1215 oblige précisément le débiteur déchargé de la solidarité à supporter sa part de l'insolvabilité des autres. Mais c'est là une erreur : l'art. 1215 ne dit rien de semblable, il dit simplement que « *la portion des* » *insolvables sera contributoirement répartie entre tous* » *les débiteurs, même entre ceux précédemment déchar-* » *gés de la solidarité.* » C'est-à-dire que les débiteurs déchargés compteront dans la répartition de la perte résultant des insolvabilités ; mais ils n'en supporteront pas leur part : ce qui eût tombé à leur charge sera supporté par le créancier qui les a libérés. Autre chose est le paiement, autre chose est la répartition. Ce que l'art. 1215 veut dire, c'est que les codébiteurs non déchargés de la solidarité, ne supporteront dans l'insolvabilité de leurs codébiteurs que la part qui eût tombé à leur charge si le créancier n'eût libéré aucun d'eux ; car les libéralités faites à l'un ne doivent pas préjudicier aux autres. Ce système était celui de Pothier, et il n'y a aucune raison de croire que les rédacteurs du Code aient voulu s'en écarter. D'ailleurs comprend-on une remise de la solidarité qui laisserait subsister, à l'égard du débiteur déchargé, la charge la plus lourde qu'impose la solidarité aux codébiteurs solidaires, à savoir la contribution aux pertes résultant de l'insolvabilité d'un ou plusieurs d'entre eux ? Pourquoi les codébiteurs solidaires répondent-ils mutuellement de leur insolvabilité ? c'est parce qu'ils sont fidéjusseurs les uns des autres. Or le débiteur déchargé de la solidarité, ayant cessé d'être la caution de ses codébiteurs, à quel titre répondrait-il de leur insolvabilité ? Observons encore que l'art. 1215 entendu dans le sens que lui donne M. Marcadé serait en opposition complète avec l'art. 1210 dont les termes précis n'offrent matière à aucune discussion sérieuse. En effet, comment supposer que le législateur ait voulu dans l'art. 1215 soumettre le débiteur déchargé de la solidarité au recours des autres, puisqu'il exige dans l'art. 1210 que le créancier ne poursuive ceux-ci que déduction faite de la part de leur codébiteur. Ainsi, il faut dire avec Pothier que le créancier ne peut poursuivre les codébiteurs restés soumis à la solidarité que déduction faite de la part des débiteurs qui en sont libérés, soit dans la dette, soit dans les insolvabilités. Les articles 1210 et 1215 doivent, on le voit, être rapprochés l'un de l'autre, et les critiques que M. Marcadé adresse au premier ne sont qu'une conséquence de l'interprétation erronée qu'il donne au second.

La remise de la solidarité peut être expresse ou tacite : elle est tacite dans les cas suivants :

1° Lorsque le créancier reçoit divisément la part d'un des codébiteurs, en spécifiant, dans la quittance, qu'il a reçu cette somme *pour la part* de celui-ci. Mais il ne serait pas censé avoir fait remise de la solidarité, à ce débiteur, s'il s'était borné à recevoir de lui une somme égale à sa part de la dette, sans que la quittance portât que *c'est pour sa part* (art. 1211). Il en serait de même si la quittance par laquelle le créancier reconnaît avoir reçu d'une personne *pour sa part*, portait en même temps une réserve de la solidarité : « Car, » dit Pothier, les termes formels par lesquels le créan- » cier se réserve son droit de solidité l'emportent sur la

C.							12

» conséquence qu'on voudrait tirer des termes *pour sa*
» *part.* » C'est ce qui aurait lieu, par exemple, si après
ces mots *pour sa part,* le créancier avait ajouté : *sans
préjudice de la solidarité,* ou *sans préjudice de mes
droits.* Toutefois ceci était controversé dans l'ancien
droit. La question fut tranchée dans le sens que nous
indiquons par un arrêt du 6 septembre 1712. Elle ne
peut plus aujourd'hui donner lieu à discussion en présence des termes du § 1 de l'art. 1211 qui a été puisé
dans Pothier.

2° Lorsque le créancier a formé contre l'un des codébiteurs une demande *pour la part* de celui-ci, pourvu
toutefois qu'il ait acquiescé à cette demande, ou qu'il
soit intervenu contre lui un jugement de condamnation
(art. 1211, § 3). Il y a toutefois, entre ces deux hypothèses, une différence. Ainsi, lorsque le débiteur a acquiescé à la demande du créancier, la remise de solidarité, qui y était implicitement contenue, est devenue
irrévocable, puisque l'offre de libéralité du créancier a
été acceptée (art. 972). Au contraire, si les parties ne
sont liées que par un jugement qui, en condamnant le
débiteur *pour sa part,* donne à l'offre de libéralité contenue dans la demande du créancier, la force contractuelle et obligatoire qui lui manquait, la remise de solidarité ne sera pas plus irrévocable que ce jugement ;
et, s'il vient à tomber sur appel, opposition, cassation
ou requête civile, elle tombera avec lui, puisque le contrat judiciaire qu'il contenait se trouvera anéanti.

3° Lorsque le créancier a reçu, pendant dix ans con-
sécutifs, *la part* d'un des codébiteurs dans les arrérages
ou intérêts de la dette (art. 1212).

La remise de solidarité peut laisser subsister tous les
droits du créancier, quant au capital de la dette, et ne
s'appliquer qu'aux arrérages ou intérêts échus. Elle est
tacite à cet égard, quand le créancier a reçu divisément

la part du débiteur dans ces arrérages ou intérêts. Observons qu'aux termes de l'art. 1212, cette remise ne s'applique qu'aux arrérages ou intérêts qui sont échus, et laisse subsister la solidarité pour ceux à venir. Ajoutons, quoique l'article soit muet à cet égard, qu'il ne suffit pas, pour faire présumer cette remise, que le créancier ait reçu la part du débiteur dans les arrérages ou intérêts, mais qu'il faut encore qu'il ait mentionné dans la quittance, que c'est *pour la part* de celui-ci. C'est ce qui résulte de l'art. 1211 qu'il faut rapprocher de l'art. 1212. C'est aussi ce que disait Pothier (*Oblig.*, n° 279).

SECTION III.

De la novation.

La novation intervenue entre le créancier et l'un des codébiteurs solidaires, libère-t-elle aussi les autres ? la réponse est dans l'art. 1281, qui est ainsi conçu : « *Par la novation faite entre le créancier et l'un des dé-* » *biteurs solidaires les codébiteurs sont libérés.* » Il en devait être ainsi, puisque la novation a pour but d'éteindre l'obligation primitive, en lui en substituant une nouvelle. Mais il en serait autrement si le créancier avait exigé l'accession à la nouvelle dette des codébiteurs de celui avec qui il nove, et que ceux-ci eussent refusé d'y accéder. Dans ce cas, l'ancienne dette subsisterait à leur égard (art. 1281).

La novation ayant pour effet d'éteindre l'obligation primitive, il s'ensuit qu'elle éteint également les priviléges et hypothèques qui y étaient attachés ; c'est ce qui résulte des art. 1278 et 2180 1°. C'était l'opinion de Pothier (*Oblig.* n° 563) et c'est ce qui avait lieu aussi en droit romain. (L. 18, D. *de Novat.*) Toutefois, aux termes de l'art. 1278, si le créancier réservait expressément les priviléges et hypothèques qui garantissaient l'ancienne créance, ils continueraient de subsister, par

exception pour la garantie de la seconde, mais seulement sur les biens de celui des codébiteurs qui contracte la nouvelle dette (art. 1280). Cette décision de
l'art. 1280 est critiquée par M. Mourlon, qui prétend qu'il n'y aurait eu aucun inconvénient à permettre
au créancier de réserver, pour la sûreté de sa nouvelle
créance, les hypothèques de l'ancienne, même sur les
biens de ceux des anciens codébiteurs avec lesquels il
ne contracte pas. Cette réserve ne devant pas, dit-il,
changer la position de ces derniers ni leur porter aucun préjudice. Nous ne partageons pas cette opinion.
Il n'est pas indifférent à une personne de voir ses biens
hypothéqués à une dette ou à une autre, lors même
qu'elles seraient de valeur égale, car la nouvelle dette
substituée à l'ancienne aura nécessairement un objet
différent, ou sera payable dans un autre lieu, ou à une
autre échéance, sans cela le créancier n'aurait pas d'intérêt à nover. Il n'est donc pas vrai de dire que le trans-
port des hypothèques de l'ancienne dette à la nouvelle,
ne change pas la position des anciens codébiteurs, car
il est plus avantageux de payer dans un lieu que dans
un autre, à un terme qu'à un autre, une dette qu'une
autre. Si nous supposons, par exemple, que la première dette avait pour objet une certaine quantité de
blé, qu'elle ait été remplacée par une dette en argent,
et que l'un des codébiteurs de celui qui a fait novation
fût un cultivateur, il est clair que la seconde dette lui
sera plus onéreuse que la première ; car il eût toujours
été à même d'acquitter celle-ci, et d'éviter par là le dé-
laissement ou la saisie de l'immeuble hypothéqué
(art. 2168 et 2169) ; tandis qu'il n'aura pas toujours les
capitaux nécessaires pour le paiement de la seconde.
D'ailleurs celui qui hypothèque ses biens à la dette d'autrui, se rend par cela même caution du débiteur ; par
conséquent, si on eût permis au créancier, qui fait no-

vation avec l'un des débiteurs solidaires, d'affecter à la nouvelle créance les hypothèques de l'ancienne qui grevaient les biens des anciens codébiteurs de celui avec qui il nove, ceux-ci se seraient trouvés, sans leur participation, cautions de la dette d'autrui; ce qui eût été contraire aux dispositions de l'art. 2015 ainsi conçu : « *Le cautionnement ne se présume point; il doit* » *être exprès et on ne peut l'étendre au delà des limites* » *dans lesquelles il a été contracté.* »

Nous avons dit qu'aux termes de l'art. 1280 les hypothèques de l'ancienne dette *ne peuvent être réservées que sur les biens de celui des codébiteurs solidaires qui contracte la nouvelle.* Mais il ne faut pas entendre ceci dans un sens absolu; et la prohibition de l'article ne doit s'appliquer qu'au cas où le créancier aurait voulu, sans le consentement des autres codébiteurs, affecter à la nouvelle dette les hypothèques qui grevaient leurs biens pour la garantie de l'ancienne. En effet, on peut toujours hypothéquer ses biens pour la dette d'autrui, et nous ne voyons pas pourquoi, lorsqu'un des codébiteurs solidaires fait novation avec le créancier, les autres ne pourraient hypothéquer leurs biens à la dette de leur ancien codébiteur; d'autant plus que sans cela le créancier n'eût peut-être pas consenti à la novation qui les libère, et qu'il eût pu demander leur accession à la nouvelle dette (art. 1281). Cette translation d'hypothèques ne peut nuire non plus aux tiers, à qui il est indifférent que l'hypothèque soit affectée à une dette ou à une autre; car il est de principe que les hypothèques d'une dette ne peuvent être affectées à une autre que jusqu'à concurrence de la valeur de la première, c'est ce que décidait Pothier (*Oblig.* n° 563), et c'est ce qui résulte implicitement de l'art. 1279 que nous examinerons tout à l'heure. Pour en revenir à l'interprétation de l'art. 1280, nous ajouterons que cet article a été copié dans le Traité des Obligations de Pothier, qui s'exprimait ainsi : « Si l'un d'entre plusieurs débiteurs » solidaires contracte envers le créancier une nouvelle » obligation, et qu'il soit porté par l'acte que les parties » ont entendu faire une novation de la première dette, » *sous la réserve des hypothèques;* cette réserve ne peut » avoir d'effet que pour l'hypothèque des biens de ce » débiteur qui contracte la nouvelle dette, et non pour » les hypothèques des biens de ses codébiteurs, leurs » biens ne pouvant pas être hypothéqués à cette nou- » velle dette sans leur consentement (1). »

Observons toutefois que si le créancier faisait nova-tion, non avec un des codébiteurs solidaires, mais avec un nouveau débiteur étranger à la dette primitive, les hypothèques qui en garantissaient le paiement ne pour-raient passer sur les biens du nouveau débiteur ; car, aux termes de l'article 1279, « *lorsque la novation* » *s'opère par la substitution d'un nouveau débiteur, les* » *priviléges et hypothèques primitifs de la créance ne* » *peuvent point passer sur les biens du nouveau débi-* » *teur.* » Le motif de cette disposition, c'est que cette translation d'hypothèques eût préjudicié aux anciens créanciers hypothécaires du nouveau débiteur, qui au-raient pu souvent se voir primés par le nouveau créan-cier de leur débiteur au moyen des anciennes hypothè-ques que ce créancier eût transférées sur les biens de celui-ci.

Mais rien n'empêcherait le créancier qui accepte un nouveau débiteur d'exiger que les anciens codébiteurs solidaires affectassent à la nouvelle créance les hypo-thèques qui grevaient leurs biens pour la garantie de l'ancienne ; car alors il ne s'agirait plus de faire passer

___

(1) Il en était de même en droit romain. (V. L. 30, D. *de No-vationibus.*)

les hypothèques d'un bien sur un autre ; mais seulement d'une créance à une autre.

Nous avons vu que le créancier, en faisant novation avec un des codébiteurs solidaires, pouvait réserver l'accession des autres à la nouvelle dette ; mais est-il censé dans ce cas réserver leur adhésion solidaire ? C'est là, selon nous, une question d'intention qu'il faut laisser à l'appréciation des tribunaux qui décideront d'après les circonstances. Cependant, nous pensons que toutes les fois qu'il ne résultera pas clairement de l'ensemble de l'acte ou des circonstances qui l'ont accompagné que le créancier a entendu réserver l'adhésion solidaire des codébiteurs de l'ancienne dette à la nouvelle, il devra se contenter de leur adhésion pure et simple, car en principe toute convention obscure doit s'interpréter contre le stipulant (art. 1162). Mais si le créancier, au lieu de faire novation avec un seul des codébiteurs solidaires, avait nové la créance avec chacun d'eux, la solidarité stipulée dans le contrat primitif passerait-elle à la dette nouvelle ? Nous ne le pensons pas ; car, aux termes de l'art. 1202, « *la solidarité ne se présume pas,* » *il faut qu'elle soit expressément stipulée.* » En outre, on peut encore, à cet égard, tirer un argument d'analogie de l'article 1278 du Code civil qui dit que : « *Les* » *privilèges et hypothèques de l'ancienne créance ne* » *passent point à celle qui lui est substituée, à moins* » *que le créancier ne les ait expressément réservés.* »

SECTION IV.

De la compensation.

Le débiteur solidaire actionné par le créancier, peut-il lui opposer la compensation du chef de son codébiteur ? Logiquement, on devrait décider l'affirmative, puisque d'après l'art. 1290, la compensation s'opère de plein droit, et les dettes réciproques du créancier et du débiteur s'éteignent par la seule force de la loi jusqu'à concurrence de leurs quotités respectives. Néanmoins, le Code décide formellement le contraire dans le dernier § de l'art. 1294 qui est ainsi conçu : « *Le* » *débiteur solidaire ne peut pareillement opposer la* » *compensation de ce que le créancier doit à son codé-* » *biteur.* » Cette disposition a été empruntée par les rédacteurs du Code, à Pothier qui avait cru la trouver écrite dans la loi 10, D. *de duobus Reis*, qu'il n'a pas comprise, et à laquelle il donne un sens tout opposé à son véritable sens, telle qu'elle est insérée au Digeste. On a essayé d'expliquer ce § de notre art. 1294, en disant que chacun des codébiteurs solidaires n'est en réalité débiteur que sous une condition alternative au choix du créancier, et que c'est en réalité ce choix qui détermine quel est le véritable débiteur. Cette explication qui serait plausible au point de vue du droit romain, selon lequel les codébiteurs solidaires étaient étrangers les uns aux autres, ne l'est plus dans notre droit où les codébiteurs sont associés, et doivent supporter chacun sa part de la dette. La seule véritable raison qu'on puisse en donner, c'est que chacun des codébiteurs solidaires doit être également exposé à payer la totalité de la dette et à faire l'avance des fonds. Il y a, en effet, un danger à courir pour celui qui fait cette avance, car le recours qu'il a contre ses codébiteurs peut être inefficace, et c'est au créancier à déterminer celui qui doit courir ces risques. En dehors de son choix, nul ne doit être forcé de payer pour les autres; et c'est ce qui serait arrivé si un débiteur solidaire avait pu opposer la compensation au créancier du chef de son codébiteur.

Mais s'il ne peut l'opposer pour le tout, pourra-t-il au moins l'opposer jusqu'à concurrence de la part que doit supporter dans la dette le codébiteur du chef duquel elle s'est opérée ? La question est vivement controversée ; nous la déciderons affirmativement , car en opposant la compensation pour la part de son codébiteur, le débiteur poursuivi ne fait payer à celui-ci que la part de dette qu'il doit supporter, et de plus, il lui assure le paiement d'une portion de sa créance contre le créancier commun, ce qui peut être très-avantageux pour le débiteur solidaire lorsque le créancier qui lui doit est insolvable. D'ailleurs, relativement à la part que chacun des codébiteurs doit supporter dans la dette solidaire, les autres ne sont que ses cautions; or, l'art. 1294 disant que la caution peut opposer la compensation de ce que le créancier doit au débiteur principal , il s'ensuit que les codébiteurs solidaires doivent pouvoir opposer la compensation au créancier du chef de leur codébiteur pour la part de celui-ci dans la dette solidaire. On fait une objection : on dit que si un débiteur solidaire pouvait opposer la compensation du chef de son codébiteur, celui-ci pourrait se trouver engagé dans des procès désagréables sur le point de savoir si sa créance est ou non susceptible d'être opposée en compensation. Cet argument nous paraît peu fondé, car ce sera nécessairement au débiteur qui oppose la compensation du chef de son codébiteur à prouver que la créance de celui-ci est liquide et exigible; s'il ne le fait, sa demande sera rejetée et son codébiteur n'aura nullement à intervenir dans le procès. Le codébiteur poursuivi peut, il est vrai, appeler ses codébiteurs en cause, mais ce ne peut être que pour faire statuer sur le recours en garantie que lui donne l'art. 1214; car aux termes de l'art. 184 du Code de procédure, il ne peut les forcer à prendre fait et cause pour lui. Par conséquent, le débiteur solidaire poursuivi ne pourra jamais forcer le codébiteur du chef duquel il invoquerait la compensation, à soutenir aucun procès contre le créancier pour prouver la validité de sa créance ; et dès lors il n'y a pas de motif de lui refuser le droit d'invoquer cette compensation. Au reste, l'opinion que nous soutenons était celle de Domat, et Pothier, tout en la combattant (n° 274), ne peut s'empêcher de reconnaître qu'elle évite un circuit d'action, et que par cette raison elle devra être suivie dans la pratique. Elle est adoptée par la majorité des auteurs, et a été sanctionnée par un arrêt de la Cour royale de Bourbon, du 27 avril 1830, maintenu en cassation le 24 décembre 1834.

Par suite des mêmes principes, si l'affaire pour laquelle a été contractée la dette solidaire ne concernait que le débiteur à qui appartient la créance compensable, on devrait accorder à ses codébiteurs, le droit d'opposer de son chef la compensation pour la totalité de la dette, car ils ne devraient dans ce cas être considérés que comme ses cautions (art. 1216). M. Marcadé combat ce système en disant que ce n'est que vis-à-vis de leur codébiteur que les autres doivent être considérés comme cautions, que vis-à-vis du créancier ils sont de véritables débiteurs solidaires, et que d'ailleurs, aux termes de l'art. 2021, lorsque les cautions se sont obligées solidairement, les effets de leur cautionnement se règlent par les principes de la solidarité. Nous répondrons qu'il faut considérer l'esprit plutôt que la lettre de la loi, et que, fût-il vrai que les codébiteurs de celui que concerne exclusivement la dette solidaire, fussent de véritables débiteurs à l'égard du créancier, on ne devrait pas leur appliquer la prohibition de l'art. 1294, car cet article a eu pour unique but d'empêcher qu'un débiteur solidaire ne fût contraint, par ses codébiteurs, de payer au delà de sa part de la dette solidaire. Or, dans l'espèce qui nous occupe, le codébiteur à qui appartient la créance compensable devant supporter en définitive toute la dette solidaire, la compensation que ses codébiteurs invoqueraient de son chef ne lui causerait aucun préjudice, au contraire, elle lui serait avantageuse, puisqu'elle lui éviterait d'avoir à supporter le recours de ses codébiteurs, et à poursuivre son créancier pour le recouvrement de ce qu'il lui doit. Quant à celui-ci, il ne souffre non plus aucun préjudice, puisque par la compensation on ne lui fait payer qu'une dette échue et légitime. Il n'y a donc pas de motifs de refuser aux codébiteurs solidaires de son créancier, le droit de lui opposer la compensation.

Quant à l'argument tiré de l'art. 2021, il ne peut se soutenir qu'autant que l'on isole les dispositions de cet article; et il suffit de le lire dans son ensemble pour se convaincre qu'il n'a pas le sens que lui donne M. Marcadé. En effet, cet article ne crée pas une règle générale, il n'assimile pas d'une manière générale, à des codébiteurs solidaires, les cautions qui se sont obligées solidairement avec le débiteur principal, il établit seulement une exception au principe que les cautions peuvent invoquer le bénéfice de discussion, et il dit qu'à cet égard l'effet du cautionnement se réglera, dans l'espèce qu'il prévoit, par les principes de la solidarité. Et il en devait être ainsi, car il est évident que le créancier qui a exigé que les cautions s'obligeassent solidairement avec le débiteur principal n'a eu d'autre but que d'éviter les effets du bénéfice de discussion et du bénéfice de division. Mais peut-on dire qu'il a voulu aussi éviter les effets de la compensation? Non, évidemment; car il ne pouvait craindre qu'on lui opposât la compensation d'une dette, qui, vraisemblablement, n'existait pas encore au moment où a été contractée envers lui l'obligation solidaire. Il n'est pas probable, en effet, que le débiteur principal eût contracté l'obligation solidaire si celui envers qui il s'est obligé eût été alors son débiteur.

Observons que dans tous les cas possibles, si la compensation avait été opposée au créancier par celui des codébiteurs solidaires dont il est devenu à son tour débiteur, elle profiterait aux autres pour le tout.

SECTION V.

De la confusion.

Lorsque l'un des codébiteurs solidaires devient héritier du créancier, ou le créancier héritier de celui-ci, quel est l'effet de la confusion qui en résulte, relativement à l'existence de la dette solidaire ? Les art. 1209 et 1301 répondent à cette question. La dette solidaire sera éteinte jusqu'à concurrence de la part du débiteur qui a succédé au créancier ou à qui celui-ci a succédé.

L'art. 1209 s'exprime ainsi : « Lorsque l'un des dé-
» biteurs devient héritier *unique* du créancier, ou lors-
» que le créancier devient l'*unique* héritier de l'un des
» débiteurs, la confusion n'éteint la créance solidaire
» que pour la part et portion du débiteur *ou du créan-*
» *cier.*

Cet article est rédigé d'une manière inexacte : d'abord il ferait supposer, si on le prenait à la lettre, qu'il ne s'opère de confusion que lorsque le créancier et le débiteur deviennent héritier unique l'un de l'autre ; or c'est ce qui n'est pas. Qu'ils se succèdent pour le tout ou pour partie, il y aura confusion dans un cas comme dans l'autre, puisqu'il y aura également réunion sur la même tête des qualités de créancier et de débiteur. La seule différence qu'il y aura, c'est que, dans le second cas, la confusion s'opérera pour une part moins forte que dans le premier. Ainsi au lieu de s'opérer pour la part entière du débiteur dans la dette solidaire, la confusion n'aura lieu, dans le second cas, que pour une fraction de cette part, proportionnelle à la quote-part du débiteur dans la succession du créancier ou du créancier dans la succession du débiteur.

Ainsi supposons que *Primus*, *Secundus* et *Tertius* soient débiteurs solidaires d'une somme de 6,000 fr. envers *Quartus*, et que celui-ci devienne héritier unique de *Primus* ou *vice versa ;* il y aura extinction de la dette solidaire pour toute la part de *Primus*, c'est-à-dire pour 2,000 fr. Si au contraire *Quartus* et *Primus* n'étaient devenus héritiers l'un de l'autre que pour moitié, il n'y aurait extinction de la dette solidaire que pour la moitié de la part de *Primus*, c'est-à-dire pour 1000 fr., et dans ce cas le créancier *Quartus*, si c'est lui qui a succédé à *Primus*, pourra réclamer 5,000 fr. à *Secundus*, par exemple, qui de son côté pourra réclamer 2,000 fr. à *Tertius* et 1,000 fr. au cohéritier de *Quartus*. Ou bien encore le créancier pourra demander 3,000 fr. à son cohéritier comme représentant pour moitié du débiteur solidaire *Primus*, et répéter 1,000 fr. contre *Secundus* et autant contre *Tertius* comme s'étant payé à lui-même la moitié de la dette solidaire. De son côté, son cohéritier pourra lui en demander autant comme exerçant les droits qu'aurait contre eux leur co-débiteur *Primus*, dont il est héritier. Cette multiplicité d'action ne sera utile à *Quartus* qu'en cas d'insolvabilité de *Secundus* et *Tertius*. La plupart du temps le premier parti sera le plus avantageux.

Si c'est le débiteur *Primus* qui a succédé pour moitié au créancier *Quartus*, il pourra réclamer 2,000 fr. à *Secundus* ou à *Tertius*, et son cohéritier pourra, de son côté, réclamer 3,000 fr. à *Secundus* ou à *Tertius* qui pourra réclamer un tiers de cette somme à *Primus* qui sera ainsi obligé de rendre 1,000 fr. sur les 2,000 qu'il a reçus.

Si le cohéritier de *Primus* avait prévenu celui-ci et lui avait demandé les 3,000 francs formant la moitié de la créance à lui revenant comme héritier pour moitié de *Quartus*, *Primus* aurait pu réclamer 1,000 francs à *Secundus* et autant à *Tertius*, comme ayant payé la moitié de la dette solidaire, plus 2,000 francs à l'un d'eux, comme héritier pour moitié du créancier *Quartus*. Mais comme il a dû payer 3,000 francs à son cohéritier, il en résulte que le résultat définitif sera le même que dans le premier cas, et qu'en réalité il ne retiendra que 1,000 francs, par suite de la confusion qui s'est opérée en sa personne. Ainsi, que ce soit le créancier qui succède à l'un des codébiteurs solidaires, ou l'un des codébiteurs solidaires au créancier, le résultat définitif de la confusion sera le même.

L'art. 1209 renferme encore un autre vice de rédaction, il dit que la confusion éteint la créance pour la part et portion du débiteur, *ou du créancier;* or, il ne peut être question de la part du créancier, puisqu'il n'y en a qu'un ; l'article aurait dû dire : *pour la part et portion du débiteur qui a succédé au créancier ou auquel le créancier a succédé.*

L'art. 1301 ne renferme pas le même vice de rédaction, mais, sous d'autres rapports, il n'est pas mieux rédigé ; le dernier alinéa, le seul qui ait trait à la solidarité, est ainsi conçu : « Celle (*la confusion*) qui s'opère » dans la personne du *créancier* ne profile *à ses codébi-* » *teurs* solidaires que pour la portion *dont il était débi-* » *teur.* » Cet article renferme plusieurs inexactitudes. D'abord, il n'y a pas à s'occuper en la personne de qui s'opère la confusion, puisque le résultat définitif de la confusion est le même, qu'elle se soit opérée en la personne du créancier ou en celle du débiteur. En outre, comprend-on qu'en dehors de la confusion une personne puisse être créancier et débiteur de la même dette et avoir des codébiteurs? Or, c'est ce qui résulterait de l'article que nous venons de citer, si on le prenait à la lettre. Tel qu'il est écrit il n'a pas de sens; pour lui en donner un il faut lire : *Celle qui s'opère en la personne d'un des débiteurs.*

Si l'un des débiteurs solidaires, au lieu de succéder au créancier, avait hérité de son codébiteur, y aurait-il confusion des deux obligations? Non, il y aurait plutôt adjection des deux obligations qui subsisteraient concurremment sur la tête du débiteur qui a hérité de l'autre, lequel devrait payer, outre sa part de la dette, celle de son codébiteur défunt. En effet, pour que la réunion de deux qualités sur la même tête en opère la confusion, il faut qu'elles soient incompatibles comme celles de créancier et de débiteur, ou que l'une d'elles ne soit que l'accessoire de l'autre, auquel cas, l'obligation la plus faible s'absorbe dans la plus considérable; c'est ce qui a lieu quand le débiteur principal succède à la caution ou *vice versa.*

Observons, en terminant, que pour qu'il y ait confusion lorsque le débiteur succède au créancier, ou réciproquement, il faut qu'il soit héritier pur et simple, car le bénéfice d'inventaire faisant obstacle à la confusion des patrimoines, empêche par cela même la confusion des droits et, pour ainsi dire, de la personnalité du défunt et de l'héritier.

SECTION VI.

De la chose jugée et du serment judiciaire.

Le jugement intervenu entre le créancier et l'un des codébiteurs solidaires a-t-il effet à l'égard des autres? Il faut, pour répondre à cette question, distinguer si le jugement a été rendu en faveur du débiteur ou contre lui.

Quand le jugement a été rendu en faveur du débiteur, il faut examiner s'il porte sur la dette même, ou seulement sur la solidarité. Dans ce dernier cas il est évident qu'il ne peut profiter aux autres; mais il en est autrement dans le premier, pourvu toutefois que le jugement ait été rendu sur des moyens de défense ou exceptions communs à tous les débiteurs. Chacun d'eux pourra donc dans ce cas invoquer ce jugement. En effet, il est de principe que les codébiteurs solidaires sont mandataires les uns des autres toutes les fois qu'il s'agit d'améliorer la position commune ; par conséquent, celui qui a soutenu le procès contre le créancier, et a obtenu gain de cause, peut être considéré comme le mandataire des autres, et dès lors ceux-ci doivent pouvoir opposer au créancier l'exception de *la chose jugée*, et invoquer l'article 1351, puisque, dans l'espèce, la demande que le créancier intenterait contre eux, devant être considérée comme dirigée contre les mandants du premier débiteur attaqué, serait censée se représenter entre les mêmes parties.

Nous avons encore un autre motif pour décider la question en ce sens, c'est que, dans l'hypothèse où nous nous sommes placé, le jugement ayant été rendu sur des exceptions communes à tous les codébiteurs solidaires, le créancier aurait nécessairement succombé vis-à-vis de tous s'il les avait tous actionnés. Pourquoi donc lui permettrait-on d'intenter plusieurs actions relativement au même litige, devant le même tribunal ou des tribunaux de même ordre? D'ailleurs, il n'y aurait pas d'intérêt : car, si le jugement rendu est conforme au droit, la seconde action aura le même résultat que la première ; si, au contraire, il est mal fondé, il a la ressource de l'appel, et du recours en cassation pour faire tomber ce premier jugement, que n'annulerait pas une seconde action intentée contre un autre des codébiteurs solidaires.

Remarquons encore que si les codébiteurs solidaires,

qui n'ont pas été partie au premier jugement, pouvaient être poursuivis pour le tout, malgré la sentence rendue en faveur de leur codébiteur, il en résulterait que, s'ils étaient condamnés, celui-ci pourrait se voir enlever, par suite du recours qu'ils auraient contre lui, le bénéfice du jugement qu'il a obtenu.

Ɔ Mais, si le jugement rendu en faveur d'un des codébiteurs solidaires, avait été basé sur des moyens de défense propres à ce débiteur, il est clair que les autres ne pourraient pas plus s'en prévaloir que des exceptions qui l'ont motivé. Ils resteraient même tenus de payer le tout, bien que leur codébiteur fût déchargé de la dette par le jugement, si, lors du contrat, ils avaient connu ou dû connaître les faits sur lesquels était fondée l'exception qui permettait à leur codébiteur de repousser la demande du créancier. Tel serait le cas où le débiteur poursuivi le premier, aurait repoussé la demande du créancier, en prouvant qu'il était mineur lors du contrat. Les autres débiteurs ne peuvent, en effet, se plaindre du préjudice que leur cause la libération de leur codébiteur, puisqu'ils ont su que son obligation pouvait être annulée. Ils ne peuvent non plus, après avoir été condamnés pour le tout, recourir contre lui, puisque, le jugement rendu en sa faveur ayant annulé son obligation, il est censé n'avoir jamais été leur codébiteur. Si, au contraire, le jugement qui a libéré le débiteur actionné primitivement par le créancier, avait été fondé sur une exception dont ses débiteurs aient ignoré la cause, par exemple sur la violence ou le dol pratiqués envers lui, ceux-ci pourraient opposer, au créancier, le jugement rendu en faveur de leur codébiteur, pour la part de celui-ci dans la dette solidaire. En effet, ils pourraient dire au créancier : « Nous avons compté que notre » codébiteur, libéré par tel jugement, supporterait sa » part de la dette ; sans cela, nous ne nous serions pas

» obligés envers vous; nous ne devons pas être victimes
» d'une erreur légitime, et c'est à vous de supporter la
» perte résultant de la libération de notre codébiteur. »

Jusqu'ici, nous avons supposé que le jugement rendu
entre le créancier et l'un des codébiteurs solidaires avait
été favorable à ce dernier ; nous allons examiner maintenant l'hypothèse où ce jugement aurait été défavora-
ble. Dans ce cas, le jugement serait-il opposable aux
autres? Si les débiteurs, non actionnés, avaient des exceptions toutes personnelles à opposer au créancier, il
est clair que le jugement rendu contre leur codébiteur
ne pourrait leur être opposé, puisque, eu égard aux exceptions qu'ils pouvaient faire valoir, ce jugement n'aurait pu être rendu contre eux. D'ailleurs, les exceptions
personnelles à certains codébiteurs portant nécessairement sur une cause de nullité ou d'extinction de l'obligation qui les lie envers le créancier, ils peuvent toujours répondre, au créancier qui voudrait leur opposer
le jugement qu'il a obtenu contre leur codébiteur, que
le jugement dont il veut se prévaloir contre eux ne peut
leur être opposé, puisqu'ils ne sont qu'en apparence les
codébiteurs solidaires de celui contre qui il a été rendu,
leur obligation étant nulle ou éteinte pour tel et tel motif.

Mais si les codébiteurs solidaires de celui qui a été
actionné, n'avaient que des exceptions communes à faire
valoir contre la demande du créancier, le jugement
rendu contre leur codébiteur pourrait-il leur être opposé?
Si ces exceptions n'ont pas été proposées par leur codébiteur, il nous paraît incontestable que la question doit
être résolue négativement. En effet, outre qu'il est de
principe que les codébiteurs solidaires n'ont pas qualité
pour compromettre les droits de leurs codébiteurs, il
est certain que, dans l'espèce, le débiteur solidaire actionné par le créancier n'a pas représenté suffisamment
ses codébiteurs puisqu'il a négligé de faire valoir des

exceptions que ceux-ci n'eussent pas manqué d'opposer au créancier. Mais si ces exceptions ont été opposées, ne doit-on pas décider la question différemment ? Nous ne le pensons pas. Sans doute le créancier pourra dire aux débiteurs qui n'ont pas été partie au premier jugement, que s'il les avait poursuivis alors ils n'auraient pas été plus heureux que leur codébiteur, puisqu'ils n'ont pas d'autres exceptions à faire valoir. Mais ceux-ci pourront lui répondre avec plus de raison encore, qu'il ne suffit pas de proposer un moyen de défense, qu'il faut le prouver; que cette preuve a sans doute été mal faite par leur codébiteur, et que, s'ils eussent été partie au procès, ils l'auraient gagné en établissant les faits que leur codébiteur n'a pu prouver suffisamment.

Nous venons d'examiner les effets du jugement intervenu entre le créancier et l'un des codébiteurs solidaires, nous devons rapprocher de cette matière celle du serment judiciaire qui a quelque analogie avec elle. Le serment déféré par le créancier à l'un des codébiteurs solidaires profite-t-il aux autres? La réponse est dans l'article 1365, qui nous dit que « *le serment déféré à l'un des* » *débiteurs solidaires profite aux codébiteurs lorsqu'il a* » *été déféré sur la dette et non sur le fait de la solida-* » *rité.* » Il en devait être ainsi, car les codébiteurs solidaires sont mandataires les uns des autres à l'effet d'améliorer la position commune. D'ailleurs l'article 1365, décidant aussi que le serment déféré à la caution profite au débiteur principal et *vice versa*, il était naturel qu'il donnât une décision analogue à l'égard des codébiteurs solidaires qui jouent le rôle de caution les uns des autres.

Ce que l'art. 1365 dit du serment prêté par l'un des débiteurs solidaires, doit s'entendre évidemment du serment refusé par le créancier, car il résulte de l'art. 1361 que le refus du serment par l'une des parties, a le même effet que la prestation de ce serment par son adversaire. C'est ce qu'indique aussi le premier § de notre art. 1365 qui, du reste, est très-mal rédigé ; il est ainsi conçu : « *Le serment fait ne forme preuve* » *qu'au profit de celui qui l'a déféré ou contre lui, ou* » *au profit de ses héritiers ou ayants cause ou contre* » *eux.* » Ce n'est pas le *serment prêté* qui fait preuve au profit de celui qui l'a déféré, c'est le *serment refusé*; le serment prêté fait toujours preuve *contre* celui qui l'a déféré. Pour parler exactement, l'article aurait dû dire : *Le serment prêté ou refusé ne fait preuve que contre celui qui l'a déféré ou à son profit*. Néanmoins, malgré ces inexactitudes de rédaction, le sens de l'article est facile à comprendre et c'est le principal.

Mais si le serment, au contraire, avait été refusé par le débiteur, ou prêté par le créancier sur la délation de celui-ci, pourrait-il être opposé à ses codébiteurs solidaires? Nous ne le pensons pas, car il est de principe que les codébiteurs solidaires ne sont mandataires les uns des autres qu'à l'effet d'améliorer la position de leurs codébiteurs. D'ailleurs le serment décisoire renferme une sorte de transaction, et il résulte des art. 1988 et 1989, que la transaction faite par un mandataire n'est obligatoire pour le mandant que dans le cas où le mandataire a un pouvoir spécial à cet effet.

SECTION VII.

Du compromis et de la transaction.

L'un des codébiteurs solidaires peut-il faire avec le créancier une transaction ou un compromis qui soit opposable aux autres? Cette question doit être résolue négativement. En effet, il résulte des art. 2045 du Code civil et 1003 du Code de procédure, que l'on ne peut transiger ou compromettre que sur les droits dont on a a libre disposition ; or, les codébiteurs solidaires ne pouvant disposer des droits les uns des autres, aucun d'eux ne peut transiger ni compromettre au nom de ses codébiteurs (1), puisqu'il ne pourrait le faire sans disposer des exceptions que ceux-ci auraient à opposer à l'action du créancier. En outre, il résulte encore des art. 1988 et 1989 du Code civil, qu'un mandataire ne peut transiger ni compromettre sans un mandat exprès, par conséquent le mandat tacite, existant entre les codébiteurs solidaires, ne peut donner à aucun d'eux le pouvoir de faire une transaction ou un compromis qui soit opposable aux autres.

D'ailleurs, aux termes de l'article 2052 du Code civil, « *les transactions ont entre les parties l'autorité de la* » *chose jugée en dernier ressort,* » on peut donc les assimiler, quant à leurs effets, à un jugement. Il en est de même de la sentence arbitrale, qui, aux termes de l'article 1010 du Code de procédure, est sans appel lorsqu'elle a été rendue sur appel ou requête civile. Or, nous avons vu ci-dessus que le jugement intervenu entre le créancier et l'un des codébiteurs solidaires ne pouvait être opposé aux autres, il doit donc en être de même de la sentence arbitrale et de la transaction. En outre, en ce qui touche le compromis, les codébiteurs qui n'y ont pas été partie pourront toujours opposer au créancier l'article 1022 du Code de procédure, ainsi conçu : « *Les jugements arbitraux ne pourront, en aucun cas,* » *être opposés à des tiers.* » Mais si la transaction et le compromis ne peuvent nuire aux codébiteurs solidaires qui n'y ont pas été partie, peuvent-ils au moins leur

____

(1) Quand nous disons que l'un des débiteurs solidaires ne peut transiger ni compromettre *au nom* de ces codébiteurs, cela doit s'entendre en ce sens seulement qu'il ne peut faire un compromis ou une transaction qui leur soit opposable ; car il est évident qu'il pourrait faire une transaction ou un compromis qui leur profitât, s'il s'en était expliqué avec le créancier.

profiter, et ceux-ci pourront-ils les invoquer en leur faveur, comme ils feraient d'un jugement? Nous ne le pensons pas, car le créancier pourra toujours leur dire : « Si j'ai consenti à transiger avec votre codébiteur ou à » remettre à des arbitres le jugement de la contestation » que j'avais avec lui, c'est une faveur que j'ai bien voulu » lui faire et qui ne peut m'ôter le droit de vous pour- » suivre par les voies ordinaires. La transaction et le » compromis sont des contrats particuliers qui ne peu- » vent avoir d'effet qu'entre ceux qui y ont été partie; » ce ne sont pas des modes légaux d'extinction des obli- » gations; ils ne figurent pas comme tels dans l'énumé- » ration de l'article 1234. Ils ont, il est vrai, quelque- » fois pour conséquence l'extinction d'une obligation, » mais ce n'est qu'indirectement et par suite de la force » obligatoire de tout contrat : à quel titre pouvez-vous » donc vous en prévaloir, vous qui n'y avez pas été par- » tie?» Qu'auraient à répondre les codébiteurs solidaires étrangers à la transaction ou au compromis? Rien que nous sachions. Néanmoins, il en serait autrement si la transaction ou le compromis était intervenu sur des ex- ceptions communes à tous les codébiteurs, et que celui qui a transigé ou compromis avec le créancier eût dé- claré, dans le contrat, agir tant en son nom qu'au nom de ses codébiteurs. Mais en général les codébiteurs étrangers à la transaction ou au compromis ne pourront s'en prévaloir directement. Toutefois, nous pensons qu'ils peuvent exiger, en se fondant sur l'article 1210 C. c., que le créancier déduise, de son action contre eux, la part du débiteur avec lequel on a transigé ou com- promis, car, en vertu de l'article 1211 C. c., il doit être considéré comme ayant fait remise de la solidarité à ce débiteur. D'ailleurs, il est de principe qu'une con- vention doit profiter aux tiers lorsque celui qui y a été partie y a intérêt (L. 23, D. *de Pactis*). Or si le créancier ne pouvait être forcé de déduire de son action contre les autres, la part du débiteur avec qui il a transigé ou compromis, celui-ci perdrait, par suite du recours de ses codébiteurs, le bénéfice de la transaction ou du compromis.

SECTION VIII.

De la prescription.

La prescription interrompue contre l'un des codébiteurs solidaires, l'est-elle également contre tous les autres ? Les art. 1206 et 2249 du C. c. répondent affirmativement à cette question, et il en devait être ainsi, car, les codébiteurs solidaires étant réciproquement fidéjusseurs les uns des autres, l'obligation ne peut être conservée à l'égard de l'un, sans l'être en même temps à l'égard des autres, puisqu'il résulte de l'article 2011 que l'obligation de la caution dure autant que celle du débiteur principal. C'est ce que confirme encore l'article 2250 C. c., car c'est sur ce principe qu'il est basé, comme cela résulte du discours de M. Bigot-Préameneu, orateur du gouvernement au Corps législatif. L'article 1206 ne parle que de l'interruption résultant de poursuites judiciaires, mais l'article 2249 est plus général et mentionne formellement l'interruption de prescription résultant de la simple reconnaissance de la dette émanée d'un des débiteurs solidaires. Ainsi, *une citation en justice, un commandement ou une saisie signifiés à l'un des codébiteurs solidaires, ou sa reconnaissance, interrompent la prescription contre tous les autres, même contre leurs héritiers.* (Art. 2244 et 2249).

Quant à la reconnaissance de la dette, il y a controverse sur le point de savoir si, lorsqu'elle a été faite dans un acte sous seing privé, elle fait foi de sa date à l'égard des codébiteurs solidaires de celui dont elle émane, et si ceux-ci peuvent en contester la validité lorsqu'elle n'a acquis date certaine qu'après le temps requis pour prescrire. La question se réduit à savoir si les codébiteurs solidaires de celui dont émane la reconnaissance, sont à son égard des tiers dans le sens de l'article 1328 C. c. Nous ne le pensons pas, car chacun des codébiteurs solidaires étant mandataire des autres à l'effet de recevoir les poursuites du créancier, le codébiteur qui a reconnu la dette pour éviter des poursuites n'a fait qu'user de son droit, et les autres ne peuvent prétendre être étrangers aux actes de leur mandataire. En outre, comme les codébiteurs de celui qui a reconnu la dette, jouent vis-à-vis de lui le rôle de caution, leur obligation doit durer autant que la sienne. S'ils prétendent que l'acte de reconnaissance a été antidaté, qu'il est postérieur à l'accomplissement de la prescription, ce sera à eux à en faire la preuve ; car, aux termes de l'art. 1315, quiconque *se prétend libéré, doit justifier le fait qui a produit l'extinction de son obligation.*

Nous venons de voir quel est l'effet de l'interruption de prescription faite contre l'un des codébiteurs solidaires. Voyons les effets de celle qui serait faite contre un de ses héritiers ; ils sont énumérés dans les trois derniers alinéas de l'article 2249 ainsi conçus : « *L'inter-* » *pellation faite à l'un des héritiers d'un débiteur soli-* » *daire, ou la reconnaissance de cet héritier, n'inter-* » *rompt pas la prescription à l'égard des autres cohéri-* » *tiers, quand même la créance serait hypothécaire, si* » *l'obligation n'est indivisible. Cette interpellation ou* » *cette reconnaissance n'interrompt la prescription, à* » *l'égard des autres codébiteurs, que pour la part dont* » *cet héritier est tenu. Pour interrompre la prescription* » *pour le tout à l'égard des autres codébiteurs, il faut* » *l'interpellation faite à tous les héritiers du débiteur* » *décédé ou la reconnaisance de tous ces héritiers.* »

Ces dispositions sont en tout conformes aux principes. En effet , les héritiers d'un débiteur solidaire n'étant unis par aucun lien les uns aux autres, et la dette solidaire se fractionnant à leur égard en autant de dettes partielles que de cohéritiers, il s'ensuit que l'interpellation faite à l'un d'eux ne peut avoir d'effet à l'égard de ses cohéritiers. S'il en est autrement à l'égard des codébiteurs de son auteur, c'est parce que les codébiteurs solidaires sont caution les uns des autres ; car, la caution s'obligeant à payer la dette si le débiteur ne le fait, cautionne non-seulement l'obligation de celui-ci, mais celle de ses héritiers pour le cas où il n'aurait pas payé la dette. Par conséquent la prescription interrompue contre l'un des héritiers du débiteur défunt doit l'être également contre les codébiteurs solidaires de celui-ci, qui jouent le rôle de caution, non-seulement à son égard, mais à l'égard de ses héritiers.

Ce que nous venons de dire de l'interruption de prescription doit-il s'appliquer à la suspension ?

Il y a entre la *suspension* et l'*interruption* de prescription une double différence, c'est 1º que la suspension résulte de la nature de l'obligation, ou de la qualité de la personne obligée, tandis que l'interruption résulte d'un acte du créancier ou du débiteur; 2º que l'interruption anéantit pour le passé le cours de la prescription, tandis que la suspension ne fait que l'arrêter pendant un certain temps, et permet de joindre le temps antérieurement écoulé pour la prescription à celui qui recommencera ultérieurement à courir. C'est cette différence entre la suspension et l'interruption de la prescription qui fait la raison de douter relativement à la question qui nous occupe. Néanmoins nous la résoudrons affirmativement ; car les codébiteurs solidaires étant caution les uns des autres, il s'ensuit que tant que l'obligation de l'un subsiste, tous les autres doivent être tenus, puisque l'obligation accessoire de la caution doit durer autant que l'obligation principale. D'ailleurs, s'il en eût été autrement, le débiteur, à l'égard duquel la prescription aurait été suspendue, aurait perdu tout recours contre ses codébiteurs, si le créancier ne lui avait demandé le paiement qu'après que la prescription se fût accomplie en faveur de ceux-ci.

Peut-être objectera-t-on qu'il est injuste que l'obligation des codébiteurs solidaires soit perpétuée par suite d'une cause qui leur est étrangère ? Nous répondrons que s'il en était autrement la solidarité manquerait son but, car elle n'a pas d'autre but que de garantir au créancier le paiement de sa créance, en établissant un cautionnement réciproque entre les divers codébiteurs; et ceux-ci n'ont pas à se plaindre, car ils ont su à quoi ils s'engageaient, en s'obligeant solidairement avec une personne dont l'obligation était à terme ou sous condition (art. 2257). Sans doute, il peut arriver, lors même que tous les codébiteurs solidaires seraient obligés purs et simples, que la prescription soit suspendue à l'égard de l'un d'eux, si ce codébiteur est une femme qui a épousé le créancier, auquel cas la prescription est suspendue, en vertu de l'art. 2253; mais cette circonstance, bien que devant se présenter rarement, n'est pas impossible à prévoir, et c'est à qui s'oblige à bien examiner toutes les conséquences possibles du contrat. D'ailleurs, l'hypothèse inverse, celle où l'un des codébiteurs solidaires aurait épousé la créancière, n'est pas plus facile à prévoir; et néanmoins, il est évident, que dans cette hypothèse, la prescription serait suspendue à l'égard de tous les codébiteurs en vertu du dernier alinéa de l'art. 2256, puisque dans ce cas l'action que la créancière intenterait contre un des codébiteurs de son mari, réfléchirait nécessairement contre celui-ci par suite du recours du débiteur poursuivi. Or, la position des codébiteurs solidaires n'est pas plus pénible dans un cas que dans l'autre. Au surplus, cette prolongation plus ou moins étendue de la durée de l'obligation des codébiteurs solidaires du chef de l'un d'eux, ne peut leur être aussi onéreuse qu'on le croirait d'abord ; car, si la dette est exigible, celui d'entre eux qui veut se libérer peut payer le créancier, ou, s'il ne veut recevoir le paiement, lui faire des offres réelles. Dans ce cas, il est libéré ainsi que ses codébiteurs (art. 1257 et 1262 C. c.), et peut recourir contre eux pour leur part, à l'exception, toutefois, de ceux dont l'obligation est à terme ou sous-condition suspensive. A l'égard de ces derniers, il doit attendre, pour exercer son recours, l'échéance du terme ou la réalisation de la condition ; et s'il devient certain qu'elle ne se réalisera pas, il aura un recours contre les autres codébiteurs pour leur part dans la portion de la dette qu'eût supportée le codébiteur libéré, si la condition s'était réalisée ; c'est ce qui résulte *a pari* de l'art. 1214.

SECTION IX.

De la perte de la chose et de la demeure.

Lorsque le corps certain qui faisait l'objet d'une obligation vient à périr, son exécution devient impossible, et par la force des choses, le débiteur se trouve libéré. Mais si cette perte est arrivée par la faute du débiteur ou après sa mise en demeure, l'obligation primitive ne s'éteint que pour se transformer en une obligation de dommages et intérêts ; car, il est de principe que quiconque, par son fait ou sa négligence, cause un dommage à autrui est tenu de le réparer (art. 1383 C. c.) Par conséquent, le débiteur qui a fait périr la chose due est tenu d'indemniser le créancier de sa perte. L'article 1302 n'est qu'une application de ces principes.

Mais qu'arrivera-t-il si l'un des débiteurs solidaires

a fait périr la chose due? Les codébiteurs seront-ils libérés? Non, car les codébiteurs solidaires étant caution les uns des autres, chacun d'eux est obligé d'exécuter l'obligation si son codébiteur ne le fait, et, par conséquent, d'indemniser le créancier lorsque cette exécution est devenue impossible par le fait de l'un d'eux; car ils ne doivent pas profiter de la faute de celui-ci. Mais sont-ils tenus des dommages et intérêts qui pourraient être dus au créancier en outre de la valeur de la chose pour le gain dont il a été privé (art. 1149)? Non. En effet, le fidéjusseur, en garantissant l'exécution de l'obligation du débiteur principal, ne se rend pas caution de sa faute ou de son délit, il ne s'oblige qu'à une seule chose, à exécuter l'obligation si celui-ci ne le fait. Cette exécution étant devenue impossible, tout ce qu'on peut lui demander, c'est la valeur de la chose due, car il ne doit pas tirer profit de la faute de celui dont il a garanti l'obligation. C'est en ce sens que les jurisconsultes romains disaient que le débiteur principal et la caution perpétuaient l'obligation l'un pour l'autre (L. 91, § 4, D. *de verb. Ob.*). Les codébiteurs solidaires étant caution les uns des autres, et ne pouvant qu'à ce titre être tenus de la perte de la chose arrivée par le fait de l'un d'eux, il s'ensuit qu'ils ne doivent pas être tenus des dommages et intérêts qui pourraient être dus au créancier en outre de la valeur de la chose qui a péri : c'est ce que décide l'article 1205 qui n'est qu'une application des principes que nous venons d'exposer.

La demeure est le retard que le débiteur apporte, contrairement au droit, dans l'exécution de son obligation. Le débiteur est mis en demeure, aux termes de l'art. 1139, soit par une sommation ou tout autre acte équivalent, soit par la seule échéance du terme, lorsque telle a été la convention des parties.

La demeure du débiteur a pour effet : 1° de mettre

à sa charge les risques de la chose due et de le rendre responsable de sa perte même par cas fortuit, à moins qu'il ne prouve qu'elle eût également péri chez le créancier (art. 1302); 2° de faire naître l'obligation aux dommages et intérêts (art. 1147).

L'interpellation faite à l'un des débiteurs solidaires a-t-elle pour effet de les mettre tous en demeure? Au premier abord on serait tenté de répondre affirmativement par analogie avec l'art. 1206. Mais cette analogie n'est qu'apparente. En effet, si la prescription interrompue à l'égard de l'un des débiteurs, l'est aussi à l'égard de tous, c'est uniquement parce que l'obligation ne peut être perpétuée à l'égard de l'un, sans l'être à l'égard des autres qui jouent vis-à-vis de lui le rôle de caution. Mais la mise en demeure du débiteur n'ayant pas pour effet de perpétuer l'obligation, il s'ensuit que celle qui a lieu à l'égard d'un des débiteurs solidaires doit lui rester personnelle. C'est ce qui résulte de l'art. 1205 qui s'occupe du cas où la chose a péri *pendant la demeure de l'un ou de plusieurs des débiteurs solidaires.* Ce qui prouve bien que la mise en demeure de l'un ne s'étend pas à tous les autres. L'article, il est vrai, nous dit que si la chose due périt par cas fortuit après la mise en demeure de l'un des débiteurs, les autres sont néanmoins tenus d'en payer le prix; mais cela tient, comme nous l'avons déjà dit, à la fidéjussion réciproque existant entre les codébiteurs solidaires, et non à ce que la mise en demeure de l'un rejaillit sur tous les autres. C'est ce que prouve le second alinéa de l'article, qui nous dit que le créancier ne peut réclamer les dommages et intérêts qui peuvent lui être dus, en sus du prix de la chose qui a péri, que *contre les débiteurs par la faute desquels la chose a péri* et *contre ceux qui étaient en demeure.*

Quant aux intérêts moratoires, tous les codébiteurs en sont tenus en vertu de l'article 1207 ainsi conçu : « *La*

» *demandé d'intérêts formée contre l'un des débiteurs*
» *solidaires fait courir les intérêts à l'égard de tous.* »
Mais il ne faut pas en conclure, nous le répéterons encore, que cette demande ait pour effet de mettre tous
les débiteurs en demeure ; cet article n'est qu'une conséquence de ce principe que le cautionnement s'étend
non-seulement au capital de la dette, mais encore *à tous
ses accessoires, même aux frais de la première demande
et à tous ceux postérieurs à la dénonciation qui en est
faite à la caution* (art. 2016).

C'est ce que décidait aussi Pothier qui nous dit
(nᵒˢ 404 et 405) que la caution est tenue de tous les intérêts résultant non-seulement *ex rei naturâ*, mais encore de la demeure en laquelle serait le débiteur principal ; et, que la caution s'étend à toutes les obligations
qui naissent du contrat même pour lequel la caution
s'est obligée. Il le décidait ainsi conformément à la loi
54, D. *Locati* et aux §§ 11 et 12 de la loi 2, D. *de Admin.
rerum*.

En conséquence il faut décider que, si les dommages
et intérêts dus en cas d'inexécution du contrat avaient
été fixés d'avance par les parties, tous les codébiteurs
solidaires en seraient tenus conformément aux dispositions de l'art. 1216 ; car alors ils seraient un accessoire
de la créance, et l'obligation de les payer devrait être
considérée comme une obligation résultant du contrat.
Pareillement, si le créancier avait été obligé d'avancer
des frais avant d'obtenir son paiement, tous les codébiteurs en seraient tenus conformément à l'article 2016.

CHAPITRE II.

Solidarité légale.

La solidarité légale peut, ainsi que nous l'avons déjà dit, être *parfaite* ou *imparfaite*. Elle est *parfaite* lorsqu'elle existe entre personnes unies par un intérêt commun et entre lesquelles on peut supposer l'existence d'un mandat tacite. Dans tous les autres cas elle est *imparfaite*. La solidarité *imparfaite* ne suppose donc entre les codébiteurs aucun mandat ni aucune fidéjussion réciproque ; il n'y a aucun lien, aucune association entre eux ; ils n'ont rien de commun si ce n'est l'obligation que chacun d'eux doit exécuter pour le tout. Il en résulte : 1° que les poursuites dirigées contre l'un d'eux n'interrompent pas la prescription à l'égard des autres ; 2° que la demande d'intérêts faite contre l'un ne les fait pas courir contre les autres ; 3° que le jugement intervenu entre le créancier et l'un des débiteurs, de même que le serment par lui prêté, ne profitent qu'à lui seul ; 4° que le débiteur actionné n'a aucun recours de droit contre les autres comme mandataires, mais seulement, selon l'opinion de Pothier (n° 282), une action de gestion d'affaires, qui résulte non du lien solidaire qui les unit, mais du paiement de l'obligation commune.

Telles sont, selon nous, les différences qui distinguent la solidarité imparfaite de la solidarité parfaite. Les rédacteurs du Code se sont tus à cet égard ; ils semblent avoir confondu l'obligation solidaire proprement dite et l'obligation *in solidum*, ou tout au moins avoir oublié d'en formuler les différences ; en sorte que l'on en est réduit à des conjectures tant pour déterminer les caractères de la solidarité imparfaite que pour indiquer les cas dans lesquels elle existe.

Nous allons examiner les différents cas de solidarité établis par le Code civil et rechercher quels sont ceux dans lesquels elle est parfaite et quels sont ceux dans lesquels elle est imparfaite.

En conséquence, nous aurons à traiter successivement : 1° de la solidarité de la mère remariée et de son mari; 2° de la responsabilité du subrogé tuteur; 3° de la solidarité des colocataires en cas d'incendie; 4° de la solidarité des mandants; 5° de la solidarité des exécuteurs testamentaires; 6° de la solidarité des commodataires.

Ce sera l'objet d'autant de sections distinctes.

SECTION Iʳᵉ.

Solidarité de la mère remariée et de son mari.

D'après les art. 395 et 396 du Code civil, la mère tutrice qui veut se remarier, doit convoquer le conseil de famille à l'effet de décider si la tutelle doit lui être conservée. Si elle le fait, et que la tutelle lui soit conservée, son mari doit être nommé cotuteur, et être solidairement responsable avec elle de la gestion postérieure au au mariage. Si elle ne le fait, son mari, sans être cotuteur, est solidairement responsable des suites de la tutelle qu'elle a indûment conservée.

La solidarité établie par ces articles est-elle une solidarité parfaite ou une simple obligation *in solidum?* C'est une solidarité parfaite. En effet, il y a entre les époux l'association la plus étroite qui puisse exister, celle qui naît du mariage. D'ailleurs, l'administration de la tutelle leur étant commune, lorsque le mari a été nommé cotuteur, ils sont censés s'être donné réciproquement le mandat d'en remplir les charges et d'en acquitter les obligations. Sans doute, dans le cas prévu par l'art. 395, le mari ne peut être regardé comme étant cotuteur avec sa femme; mais, comme il n'a pu ignorer qu'elle avait des enfants mineurs, il est censé en l'épousant s'être obligé solidairement avec elle, et avoir accepté le mandat de répondre, vis-à-vis du mineur, de toutes les suites de la tutelle qu'elle a indûment conservée.

On s'est demandé comment devait se partager le fardeau de la dette, résultant de la tutelle, dans les rapports respectifs des deux époux? Il faut selon nous faire des distinctions.

Si les époux sont mariés sous le régime de la communauté, que le mari ait été nommé ou non cotuteur, la dette, tombant dans la communauté aux termes de l'art. 1409 2°, sera supportée également par les deux époux conformément à l'art. 1482; à moins que la femme ne renonce à la communauté, auquel cas la dette tombera entièrement à la charge du mari (art. 1494); ou qu'elle n'invoque le bénéfice de l'art. 1483, auquel cas elle ne supportera la dette que jusqu'à concurrence de son émolument. Si les époux sont mariés sous un régime exclusif de communauté, il faut distinguer si le mari a été ou non nommé cotuteur avec sa femme. Dans le premier cas, la dette résultant de la tutelle sera supportée également par les deux époux; à moins qu'ils ne se soient partagés l'administration de la tutelle, auquel cas, chacun d'eux devra supporter les charges résultant de sa gestion. Si, au contraire, le mari n'a pas été chargé de la tutelle conjointement avec sa femme, il ne doit être considéré à l'égard de celle-ci que comme un fidéjusseur, et ce sera sur elle que devra retomber le fardeau de la dette (art. 1216), à moins qu'il ne soit établi que son mari a pris part à la gestion de la tutelle qu'elle a indûment conservée.

SECTION II.

De la responsabilité du subrogé-tuteur.

Aux termes de l'art. 1442 du Code civil, si, en cas de décès d'un des époux laissant des enfants mineurs issus du mariage, l'époux survivant n'a pas fait d'inventaire, le subrogé-tuteur qui ne l'a pas obligé à en faire, est solidairement tenu avec lui de toutes les condamnations qui peuvent être prononcées au profit des mineurs. Cet article établit-il entre le tuteur et le subrogé-tuteur une véritable solidarité ou une simple obligation *in solidum* ? Selon nous, il n'y a entre eux qu'une solidarité imparfaite ; et voici pourquoi : c'est qu'il n'y a entre le tuteur et le subrogé-tuteur aucune société, aucune administration commune ; ils ne sont pas obligés au même titre envers le mineur, car le tuteur est obligé parce qu'il a dilapidé les biens du mineur, et le subrogé-tuteur parce qu'il a négligé de forcer le tuteur à remplir ses obligations ; et dès lors on ne peut supposer entre eux aucune espèce de mandat.

Mais comment doit se répartir entre eux le montant des condamnations prononcées au profit du mineur ? Nous pensons qu'elles doivent être supportées entièrement par le tuteur, et que le subrogé-tuteur ne doit en être tenu pour aucune partie à l'égard de celui-ci. En effet le subrogé-tuteur, ne participant en aucune façon à l'administration de la tutelle, est innocent des fautes du tuteur, et par conséquent, s'il a indemnisé le mineur du préjudice que lui a causé le tuteur, il aura contre ce dernier un recours *pour le tout* comme ayant payé sa dette. Peut-être objectera-t-on que le subrogé-tuteur est aussi en faute ? Oui, sans doute, il est en faute, mais seulement vis-à-vis du pupille pour n'avoir pas surveillé la gestion du tuteur, mais non pour

avoir mal géré lui-même ; et le tuteur ne peut lui dire :
« Vous avez participé à ma faute, supportez votre part
de ses conséquences. »

SECTION III.

Solidarité des colocataires.

Les colocataires d'une maison incendiée sont, en vertu
de l'art. 1734 du Code civil, solidairement responsables
de l'incendie, à moins qu'ils ne prouvent que l'incendie a commencé dans l'habitation *de l'un d'eux*. Cet
article a fait naître bien des controverses ; nous n'avons
à examiner ici que celles qui sont relatives à la nature
de la solidarité existant entre les colocataires, et les effets de cette solidarité entre eux. Cette solidarité est-
elle parfaite, ou n'est-elle qu'imparfaite ? Selon nous,
elle n'est qu'imparfaite, car il nous semble impossible de
supposer un mandat réciproque entre les colocataires
d'une maison, lesquels sont étrangers les uns aux autres à moins qu'ils n'aient contracté ensemble. On objecte qu'un locataire est censé accepter la responsabilité
avec les autres locataires, puisqu'il consent à habiter
avec eux. Mais il y a loin d'une responsabilité commune
à une obligation solidaire, à un mandat donné et reçu,
à une fidéjussion réciproque. Comprend-on, d'ailleurs,
qu'on soit mandant ou mandataire d'un inconnu, caution d'un inconnu ? Or c'est ce qu'il faudrait admettre
pour soutenir que la solidarité existant entre les colocataires est une solidarité parfaite ; car il arrivera souvent que les colocataires d'une maison ne se connaîtront
pas le moins du monde. Pour ne parler que de Paris,
nous pourrions dire qu'il n'y est pas une seule maison
dont tous les locataires se connaissent.

Il faut donc admettre que la solidarité de l'art. 1734
n'est qu'une solidarité imparfaite. Mais comment la ré-

partition du dommage résultant de l'incendie se fera-
t-elle entre les locataires ? Nous pensons qu'elle devra
se faire par parties égales, car l'obligation dont ils sont
tenus étant fondée sur une présomption de faute, cette
présomption doit être la même pour tous et ne peut dé-
pendre de l'importance des loyers. Ceci, il est vrai, est
contesté : on dit que l'incendie éclatera chez celui qui a
un appartement considérable, des enfants, de nombreux
domestiques, plutôt que chez le célibataire qui n'occupe
qu'une modeste mansarde. Nous répondrons que les présomptions qu'on voudrait tirer de ces faits, n'offrent
pas un assez grand caractère de probabilité pour pouvoir servir de base soit à des dispositions législatives,
soit à un jugement. Rien de plus fragile que de telles
présomptions, et les événements viennent bien souvent
leur donner les plus éclatants démentis. Ne voyons-nous
pas fréquemment des tentatives d'incendie avorter, bien
que leurs auteurs aient pris toutes les précautions possibles pour en assurer le succès, tandis que le feu éclate
souvent, sans cause connue, chez les personnes les plus
soigneuses? La loi, pour être juste, doit donc en pareille
matière faire peser également et sans distinction sur
tous les locataires les présomptions de faute. Sans
doute, à un certain point de vue, le système de
la répartition proportionnelle au prix des loyers est
plus équitable en ce qu'il ne fait pas porter le fardeau de la dette aussi pesamment sur le pauvre que sur
le riche. Mais, il ne faut pas l'oublier, il ne s'agit pas ici
d'un impôt, d'une charge publique, mais de la réparation d'un dommage qui est également imputable à tous.

Un autre système a été présenté, il consiste à fixer la
répartition d'après un calcul de probabilités dressé par
le juge; mais nous pensons que ce système, séduisant
au premier abord, doit être rejeté à cause des difficultés et de l'incertitude d'un pareil calcul.

SECTION IV.

Solidarité des mandants.

Lorsque plusieurs personnes ont constitué un mandataire pour une affaire commune, elles sont, nous dit l'art. 2002, *tenues solidairement envers lui de tous les effets du mandat.*

La solidarité établie par cet article est une véritable solidarité ; car l'affaire pour laquelle le mandat a été donné étant commune à tous les mandants, il y a lieu de supposer entre elles un mandat tacite de répondre envers le mandataire *de toutes les suites du mandat* ; c'est-à-dire des avances par lui faites, et des honoraires qui peuvent lui être dûs.

L'art. 2002 exige, pour l'existence de la solidarité qu'il prononce, deux conditions : 1° que le mandataire ait été constitué par plusieurs personnes ; 2° que ce soit pour une affaire commune. Ainsi il ne suffit pas que l'affaire gérée par le mandataire soit commune à plusieurs personnes, pour que celui-ci puisse les poursuivre solidairement, il faut encore pour cela qu'il ait reçu un mandat de chacune d'elles. Mais est-il nécessaire que les mandats des différents intéressés lui aient été donnés par le même acte ? Nous ne le pensons pas, car l'article n'en dit rien ; et, comme il a été écrit dans le but de favoriser les mandats, il nous paraît contraire à son esprit de restreindre le cercle de son application, en y apposant des conditions qu'il n'a pas formellement exprimées. On objecte que si les mandants ont constitué le mandataire par des actes séparés, ils deviennent étrangers les uns aux autres, et que dès lors il ne peut y avoir entre eux une véritable solidarité, mais seulement une obligation *in solidum.* Cet argument pèche par la base ; car dès que l'affaire pour laquelle le mandat a été donné est commune aux divers mandants, ceux-ci ne peuvent être étrangers les uns aux autres. Comment supposer, en effet, que des gens fassent une affaire en commun sans se connaître? Il ne peut y avoir d'action commune entre plusieurs personnes, sans un accord préalable. D'ailleurs cette circonstance que les divers intéressés ont précisément choisi le même mandataire, prouve suffisamment qu'ils s'étaient auparavant entendus sur ce choix. En outre, si l'on admettait la doctrine que nous combattons, l'art. 2002 recevrait bien rarement son application en ce qui touche la solidarité parfaite; car il serait inapplicable toutes les fois que les divers mandants habiteraient des lieux différents, à moins que ceux-ci ne se réunissent dans le même endroit pour constituer le mandataire, ce qui n'est pas supposable.

L'opinion que nous soutenons a été sanctionnée par un arrêt de la Chambre des requêtes de la Cour de cassation, le 11 février 1834.

L'article peut être invoqué par les avoués et les notaires, tant pour la répétition de leurs avances, que pour celle de leurs honoraires. Cela avait fait question à l'égard des notaires : on disait, pour leur refuser l'action contre la partie qui ne doit pas supporter les frais, que le notaire qui reçoit un acte est un magistrat et non un mandataire. Mais la Cour de Cassation a décidé dans trois arrêts (26 juin et 15 novembre 1820 et 19 avril 1828), que cette qualité ne leur ôtait pas celle de mandataire.

Mais l'article ne pourrait être invoqué ni par les gérants d'affaires, ni par les testateurs, car l'art. 2002 ne parle que des mandataires conventionnels, et la solidarité est de droit étroit, et ne peut être étendue aux cas non prévus (art. 1202).

SECTION V.

Solidarité des commodataires.

Aux termes de l'article 1887 du Code civil, « lorsque plusieurs ont emprunté conjointement *la même chose*, ils en sont solidairement responsables envers le prêteur. »

La solidarité que cet article établit entre les commodataires est une solidarité parfaite, car les divers commodataires étant obligés par le même contrat, et en ayant tiré un profit commun, on doit supposer qu'ils ont consenti à se représenter réciproquement vis-à-vis du prêteur.

Il ne faut pas conclure des termes de l'article, qu'il faille pour son application, que les commodataires aient emprunté un objet unique, ou une chose indivisible ; et l'article s'appliquerait, lors même que le prêt aurait pour objet plusieurs choses distinctes ou une chose divisible. Tout ce que veulent dire les mots « *la même chose* » c'est que les différents objets dont se compose le prêt aient été prêtés indivisément à chacun des commodataires.

Les dispositions de notre article ne doivent pas être étendues aux dépositaires, car le dépôt est à l'avantage du déposant, tandis que le prêt est à celui des commodataires. D'ailleurs aux termes de l'art. 1202 la solidarité ne se présume jamais.

SECTION VI.

Solidarité des exécuteurs testamentaires.

L'article 1033 du Code civil dispose que, s'il y a plusieurs exécuteurs testamentaires ayant accepté le mandat que leur a donné le défunt, un seul pourra agir au défaut des autres, et qu'ils seront solidairement responsables du mobilier qui leur aura été confié, à moins que le testateur n'ait divisé leurs fonctions, et que chacun d'eux ne se soit renfermé dans celle qui lui était attribuée. On s'est demandé s'il y avait entre ces exécuteurs testamentaires une véritable solidarité ou une simple obligation *in solidum*.

Nous pensons que c'est une véritable solidarité ; car, un seul pouvant agir pour les autres, et ceux-ci étant responsables de ses actes, il faut nécessairement en conclure que les exécuteurs testamentaires, en acceptant la mission que le testateur leur a confiée, se sont tacitement donné le mandat d'administrer le mobilier de la succession les uns pour les autres.

Observons que la solidarité prononcée par l'article n'a lieu que pour le compte du mobilier de la succession ; et qu'elle n'existerait pas même à cet égard si le testateur avait divisé les fonctions des exécuteurs testamentaires et qu'ils se fussent conformés à cette division.

POSITIONS.

DROIT ROMAIN.

1.

Pour que la corréalité pût exister entre plusieurs stipulants ou plusieurs promettants, il n'était pas nécessaire, avant la Novelle 99, que les parties s'en fussent formellement expliquées.

2.

Dans l'ancien droit romain, la corréalité pouvait exister entre plusieurs légataires par suite d'un legs *per damnationem* ou *sinendi modo*, mais non par suite d'un legs *per vindicationem* ou *per præceptionem*.

3.

La novation que l'un des créanciers solidaires avait faite avec le débiteur commun pouvait être opposée à ses cocréanciers.

4.

Le débiteur actionné par l'un des créanciers solidaires ne pouvait opposer à celui-ci la compensation du chef de son cocréancier, lors même qu'ils eussent été associés.

5.

Lorsque la solidarité résultait d'un contrat de droit strict, le pacte intervenu entre le débiteur et l'un des créanciers solidaires, ne pouvait être opposé aux co-créanciers de celui-ci, lors-même qu'ils eussent été associés.

6.

Avant Justinien, les codébiteurs solidaires ne pouvaient opposer au créancier commun la compensation du chef les uns des autres, lors même qu'ils étaient associés.

7.

Lorsque le créancier avait reçu, d'un des codébiteurs solidaires, divisément, et pour la part de celui-ci, la portion dont il était tenu dans la dette solidaire, il n'était pas censé avoir fait aux autres remise de la solidarité.

8.

La demande en justice dirigée contre un des codébiteurs solidaires éteignait la dette à l'égard des autres.

9.

Avant Justinien, lorsque l'un des débiteurs solidaires avait fait périr la chose due, ses codébiteurs n'étaient pas tenus de sa perte, et se trouvaient libérés envers le créancier.

DROIT FRANÇAIS.

1.

Lorsque l'un des créanciers solidaires devient héritier unique du débiteur, ou *vice versa*, la créance solidaire se trouve complétement éteinte par la confusion.

2.

Lorsque parmi les cocréanciers solidaires il se trouve

des mineurs ou des interdits, la prescription ne cesse pas de courir contre les autres.

III.

Le jugement intervenu entre le débiteur et l'un des créanciers solidaires ne peut être opposé aux autres que pour la part afférente à celui-ci dans la créance solidaire.

IV.

Le débiteur solidaire déchargé de la solidarité ne doit pas être tenu de l'insolvabilité de ses codébiteurs.

V.

Le débiteur solidaire actionné par le créancier peut lui opposer la compensation du chef de son codébiteur, jusqu'à concurrence de la part que celui-ci doit supporter dans la dette solidaire.

VI.

La prescription suspendue à l'égard d'un des codébiteurs solidaires est pareillement suspendue à l'égard des autres.

VII.

Lorsque la chose due a péri par la faute d'un des codébiteurs solidaires, les autres ne sont pas tenus des dommages et intérêts qui pourraient être dus au créancier en outre de la valeur de la chose.

VIII.

L'interpellation faite à l'un des débiteurs solidaires n'a pas pour effet de mettre les autres en demeure.

DROIT CRIMINEL.

I.

La solidarité établie par l'article 55 du Code pénal, entre les auteurs d'un même crime ou d'un même délit n'est qu'une solidarité imparfaite.

II.

Le duel ne tombe pas sous l'application de notre loi pénale.

DROIT INTERNATIONAL.

I.

Le Français, créancier d'un gouvernement étranger, peut saisir-arrêter en France les sommes dues à ce gouvernement.

II.

Le Français qui a loué à un ambassadeur, ou à tout autre agent diplomatique accrédité près du souverain, ou du ministre des affaires étrangères, l'hôtel où cet agent diplomatique a établi sa résidence, ne peut retenir les meubles de celui-ci pour répondre du paiement des loyers.

BUGNET.

Vu par le Doyen, A. PELLAT.

Permis d'imprimer,
Le vice-Recteur,

Imprimerie de BEAU Jne, à Versailles, rue de l'Orangerie, 36.

www.ingramcontent.com/pod-product-compliance
Ingram Content Group UK Ltd.
Pitfield, Milton Keynes, MK11 3LW, UK
UKHW020153130726
13696UKWH00002B/490